メッキじゃない人生をキラキラ輝かせる魔法の言葉

メディ在宅クリニック 院長
髙橋 保正

ロギカ書房

はじめに

足を引きずる女の子。彼女をはやし立てる男の子たち。
「おい、やめろ！」
私は、彼らの前に立ちはだかりました。
足の不自由な女の子は唇を噛みしめて、立ち尽くしています。
目には涙があふれています。
病気があるというだけで、いじめられてしまう。
そんなこと許せない。
小学校2年生の時のワンシーン。
私が医師になることを決めた瞬間です。
病気で苦しむ人々のお手伝いがしたい。
それから私はあらゆる楽しみを捨て、ひたすら机に向かいました。
ところが今度は私がいじめられる番。

「メガネザル。ガリ勉！」

私は同級生から心ない言葉を浴びせられました。

言葉はとても大事。

鋭い刃《やいば》になることもあれば、凍えた心を暖かく包み込む毛布になることもあります。

できれば私は暖かい毛布でみんなをくるんであげたい。

言葉の大切さを学びました。

ひとりでも多くの方に勇気がわく言葉をプレゼントしたい。そう感じた瞬間でもありました。

それから18年が経過し、私は研修医2年生。

医師としての進路を決める日。

「ひとりでも多くの命を助けることができる医師になりたい」

私は、検査や手術、抗がん剤治療などを幅広く行なうことができる外科医になる決心をしました。

当時、私は40代のシングルマザーを担当していました。全力で治療にあたりましたが、力及ばず、患者さまは、乳がんでお亡くなりになりました。ベッドの横には、ママを失った幼い男の子と女の子の寂しげな後ろ姿。

その光景を、私は一生忘れることができません。

その瞬間、私はがんの患者さまとご家族さまを支えていく覚悟を決めたのです。

「たくさんのがん患者さまとともに闘い、笑顔で人生を送るお手伝いをしたい。がんの患者さまの苦しみを少しでも減らし、悲しい気持ちや寂しい思いをずっとそばで支えていこう」

そう考えた私は、積極的にがんの痛みや不安な気持ちを緩和する「緩和ケア」に取り組み始めました。

勤務する病院では緩和ケアチームを立ち上げました。入院患者さまを支える中で一番つらかったことは、患者さまが「家に帰りたい……」とおっしゃった時です。

患者さまが望んでいるご自宅には、安心して生活する環境が整っていないことを、改めて感じたのです。これからの時代は、病院と往診医が協力して患者さまとご家族さまを支えていく世の中になっていきます。そのためには、病院と上手に連携し、往診でも入院治療と同等の緩和ケアを24時間提供できるクリニックを起ち上げる必要性を強く感じたのです。

身体の痛みや心の痛み……

がんの患者さまには解決すべきことがたくさんあります。がん治療の副作用はもちろんつらい。

その上、病気が進むと

「これ以上治療は難しいので、他の病院へ行ってください」

と突然先生から言われたり。

がんと知っただけで、泣きたい気持ちだというのに、そこまでひどいことを言われたら、人間不信にもなりかねません。

そんながん患者さまの現状を目の当たりにし、私は、

「手術や治療をしてもなお病状が進行してしまった患者さまをずっと支えてさし上げたい」

「何があっても笑顔でいられるように、病院だけでなくお家でも支えてさし上げたい」

という思いを、日を増すごとに強く描くようになったのです。

思いが募り、２０１４年に在宅緩和ケアクリニックを設立しました。

いつでも連絡がとれて不安な時にはお家にご訪問する。

そして、24時間３６５日年中無休のご支援をする。

あの足を引きずっていた女の子から始まった、私の患者さまへの思いは、〝在宅医療の理想を実現する〟という強い決意となりました。

私は、不可能を可能にする在宅医療の実現のため毎日患者さまのもとを訪れます。

一方で、緩和ケアを始めようと思い立った２００８年から今日まで12年。ひとりでも多くの皆さまの元気のもとになりたくて、毎日欠かさず患者さまに届け続けているメッセージがあります。メールマガジンとして一日も欠かさず送り続けたメッセージです。


この本を通してあなたにもお届けできることが、とても嬉しいです。

病気と闘っている方、友人関係で悩んでいる方、仕事でお悩みの皆さま。

人生には悩みがつきものです。

壁にぶつかることもあります。

そんなあなたに勇気がわいてくる魔法の言葉をプレゼントいたします。


後半ではおまけとして、医療関係の皆さまに毎月お送りしているメディ通信の中の「教えてメディちゃん」を特別にご覧に入れます。

在宅緩和ケアについての様々なご質問にメディちゃんがお答えしています。

医療者同士の会話をご覧になる機会もなかなかないと思いますので、ご参考になさってくださいませ。

それではステキなひとときをお過ごしください。


メディちゃんがあなたをご案内いたします。

＊メディちゃんは「メディ在宅クリニック」が商標登録したキャラクターです。

目次

はじめに

Part 1 誰も見たことのない景色をつくっていこう。

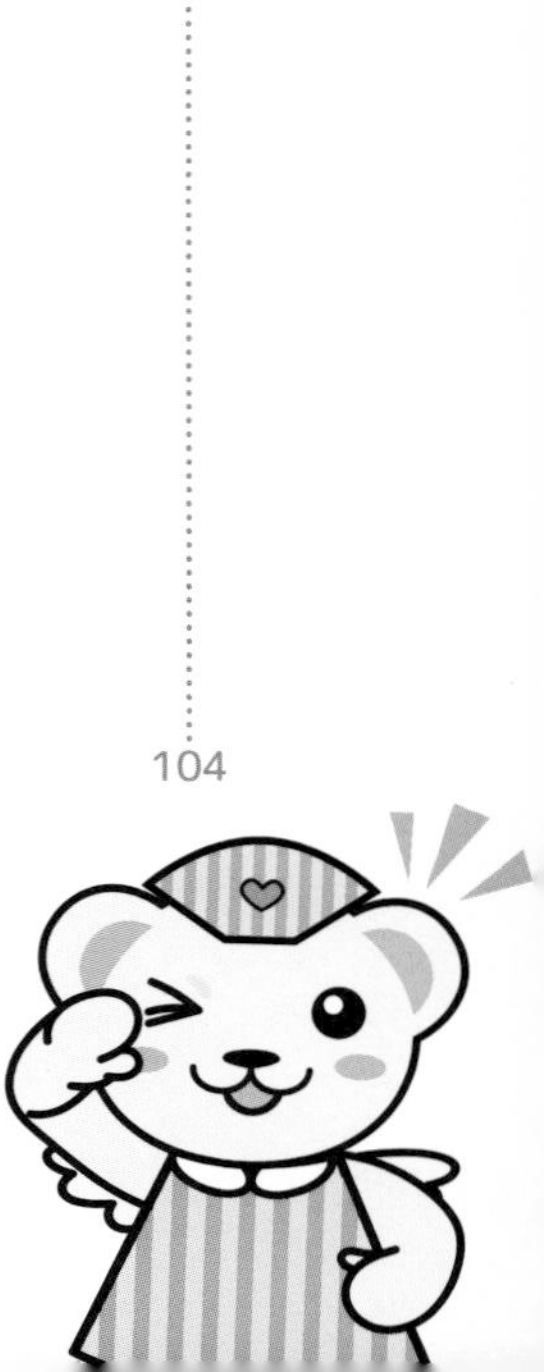

教えてメディちゃん 在宅緩和ケアの秘密

Part 1

誰も見たことのない景色をつくっていこう。

魔法の言葉

ぜーんぶもらっちゃおう。

人生のすべてのできごと。
ムダなものなんて何ひとつない。
すべてのできごとから得られるものを
すべてもらっちゃおう。
ぜーんぶもらっちゃおう。

「こんな所に来なければよかった」

「あのひとに会わなければもっと良い人生だったのに」

そんなことはありません。

すべてがあったから今がある。

それは間違いのない事実です。

行ったり来たりを繰り返したとしても、

やらなくて良かったことなんてありません。

様々な体験から学び、

ひとつでも新たな行動につなげることができれば良いのです。

つらい経験からも必ず得るものがあります。

悲しい思い出から新たな行動が生まれます。

そう。ムダなことなんて何ひとつないんです。

すべてのできごとから得られるものを、すべてもらっちゃおう。

ぜーんぶもらっちゃおう。

メディちゃんです。
よろしくお願いします。

魔法の言葉

ただただあなたの夢を信じよう。

一瞬の迷いも疑いも持たなくていい。
ただただあなたの夢を信じよう。

ブレてはいけません。
迷ってもいけません。

疑いの目を持ってもいけません。

ふとよぎった悪い予感は実現してしまうから。

ひたすら夢を信じて、

自分の可能性を信じて行動しよう。

大丈夫。

一瞬の迷いも疑いも持たなくていい。

ただただあなたの夢を信じよう。

新春食べ初め

明けましておめでとう
ございまーす
おめでとう
ございます！
おめでとう～
→←
職員さん
初詣は寒いね～
甘酒でも飲んで
温まりたいな
みんな集まったら
行こうよ！あとは
メディちゃんかな？
皆さん！明けまして
おめでとうございます!!
あれっ！メディちゃん
振袖じゃあ
ないんだ～
はい！
勿論！
屋台の食べ歩きで
汚れてもいいように
普段着なんです！
いっぱい
食べるぞー
相変わらずだね～

ハロー!

魔法の言葉

いつも丁寧に、丁寧に。

一瞬でも気になることを放置したり
雑な行動をしてはいけない。
どんな時にも、どなたに対してもいつも
丁寧に、丁寧に。

丁寧さを心がけると自然に愛情が込もります。

愛情を込めるとますます一つひとつの行動が丁寧になります。

行動が丁寧になると、ひとに優しくなれます。

愛情のこもった、丁寧な立ち居振る舞いは

あなたの価値を高めます。

人々に安心感をプレゼントできます。

一瞬でも気になることを放置したり雑な行動をしてはいけない。

どんな時にも、どなたに対しても

いつも丁寧に、丁寧に。

コラム

年末年始のクリニックの通常営業。スタッフの協力のもと毎年の任務として継続しています。「任務」としての在宅緩和ケア。そう考えると自分の取るべき行動が決まります。

「通常営業の年末年始」も任務として考えた結果出した答え。仕事として考えてしまうと、「ここまでは自分の仕事。ここからは自分以外に任せて、自分の自由時間」と、80％の力《ちから》しか出せません。

ところが自分の人生をかけての任務と考えると、常に120％の力で取り組んで、200％の結果を生み出せるようになります。一方、仕事として80％の力で取り組んでしまうと、不思議と60％の結果になります。

患者さま、ご家族さまはあらゆることに敏感です。私たちの本気度はいつも見られています。ネット上の医療情報も患者さまはいつもチェックしています。

「500万円をこれまでがん治療につぎ込んできました」

進行がんの方の中にはそうおっしゃる患者さまもたくさんいらっしゃいます。

そんな皆さまを守るために、私はいつも「任務」として120%の気持ちで緩和ケアを行なうことを心がけています。

緩和ケアは積極的な治療のひとつです。あきらめの治療ではありません。早期から緩和ケアを始めることで、抗がん剤をひたすら行なうよりも、笑顔で過ごせる時間が増えて、命の長さも延ばすことができるという論文もあります。このことをすべての患者さまたちにお伝えしたい。そう考えて日々行動しています。

何よりも大事なことは、どんな時も患者さまの手を離さないこと。他院の高額な民間療法をご希望された場合には、緩和ケアも積極的な治療のひとつであることを再度お伝えしてご希望に沿うようにいたします。

何か困ったことがあれば必ず戻ってきて欲しいこと。いつでも戻ってこられること。民間療法のクリニックでは緩和ケアを受けることが難しい場合が多いので、民間療法に取り組む時には必ず24時間体制の在宅緩和ケアを申し込んでおくこと。がんの症状で困った時に、飛んで来てくれる医師・看護師がいること。それをきちんと伝えるようにしています。

正しい知識でみんなで笑顔になりましょうね。

お元気ですか?

魔法の言葉

簡単に手に入らないから面白い。

本当に欲しいもの。
そう簡単に手に入りません。
困難を乗り越えて手に入れるからこそ価値がある。
簡単に手に入らないから面白い。

本当に欲しいものは、

そうやすやすと手の中に転がり込んできません。

だからといってあきらめる必要はありません。

「だからこそやりがいがある」

そう思ってくださいね。

「あーやっぱり手に入らない」

とため息をつくのではなく

「なるほど。今回は難しかったか。

「それじゃあやり方を変えてみよう」

次へのステップにすればよいのです。

本当に欲しいものはそう簡単に手に入りません。

困難を乗り越えて手に入れるからこそ価値がある。

簡単に手に入らないから面白い。

もちつき

今年は先生と
もちつきに挑戦です！
たくさんつくるぞー!!
がんばろうね
シュバババッ
わー
さすが息ピッタリ…
って
すごい速さ…!!
ちょっと張り切って
作りすぎたかなー？
大量ですね
すごーい
大丈夫です！
どっさり…
これだけあれば
色んな味で
食べられますよ〜
あんこ、きなこ
いそべ、お汁粉、
お雑煮…
メディちゃんは
おもちを作るのも
食べるのも達人だね〜

魔法の言葉

かかってこい。

弱気になった時、心の中でつぶやこう。

「かかってこい」

理不尽な事態に直面した時。

「かかってこい」

覚悟の気持ちがあなたを強くしてくれる。

「かかってこい」

あなたを強く変身させてくれるステキな言葉。

お上品なあなたには似つかわしくない。

そんな激しい言葉ですね。

でもいいんです。

心の中に燃え上がる炎を持たなくちゃ。

厳しい世の中。

冷たい人々。

あなたを守るのはあなた自身。

誰よりも強い覚悟の気持ちを持とう。
こわいことなんて何もない。
あなたを責めるひと。
あなたを理解してくれないひと。
突然襲ってくる病気。
「みんなかかってこい」
そんな強い気持ちで涙なんて吹き飛ばせばいい。

強い覚悟を持っていれば、
必ずあなたを守ってくれるひとが現れるから。
あなたはひとりじゃない。
必ずあなたを見ているひとがいますから。
弱気になった時、心の中でつぶやこう。
「かかってこい」
理不尽な事態に直面した時。

「かかってこい」

覚悟の気持ちがあなたを強くしてくれる。

「かかってこい」

あなたを強く変身させてくれるステキな言葉。

ガンバレ!
福

魔法の言葉

限界からが本番です。

限界を感じた時。
そこから実力は試されます。
限界からあなたがどれだけ能力を発揮できるか。
楽しもう。
限界からが本番です。

誰にも限界を感じることはあります。

そこでバネが伸びきってしまうのか。
あるいはまだまだ余裕を残していて
さらにジャンプができるのか。
あなたの実力の試し時、試され時。
限界を感じる時ワクワクしませんか？
ここから自分はどうやって立ち上がるのか。
どんな風にピンチを切り抜けていくのか。

どんな鋭い直感で正解をたぐり寄せるのか。

楽しくなりますよね。

限界を感じた時、そこから実力は試されます。

限界からあなたがどれだけ能力を発揮できるか。

楽しもう。

限界からが本番です。

コラム

不思議と毎年、大事な試験の日には雪が降りますね。センター試験もそう。中学、高校の受験日もそう。「試練」のときには、さらなる「試練」が私たちを襲います。だからこそ人生は面白い。

患者さまとともに、そのお子さまも成長します。乳がんの手術を受けられた時には小学生だったお子さまが今は立派な高校生。小さい時からママと一緒に外来に来てくれて、私と握手をしてニコニコ帰っていく。そんな可愛い男の子も今は身長１８０ｃｍを超える高校生。

今の夢は、「介護福祉士」になること。小さい時に「いつか先生と一緒に働くんだ」と言ってくれた言葉を思い出します。

夢は口にしていると必ず実現します。心に秘めているだけでは、夢は叶いません。

近くの人に、夢を語り、やがてたくさんの人に夢を語れば、必ず現実として引き寄せることができます。

もちろん試練は必ず襲ってきます。それも成長するために必要なこと。「試練の時には、さらに試練が襲ってくる」それを当然のことと知っていれば、必ず道は開けます。次々と襲ってくる試練にひるんではいけません。

「そうそう、やっぱりね」

そんな感じで深刻に受け止めないことが大事です。

これまで私にもいろいろな試練が襲ってきたような気もしますが、「そうそう。やっぱりね」と受け流したのでどんな試練だったかも、もう忘れてしまいました。

受験生のあなた、資格を取ろうと頑張っているあなたも、夢をつかむため、ひるむことなく前へ進んでくださいね。「試練」があればあるほど必ずその夢は、現実としてあなたの手の中につかみ取ることができるのですから。

今すぐ、夢を語って歩きだそう。ひるむことなく、まっすぐに。

祈願
合格

魔法の言葉

今を楽しもう。

どんな日も、
二度と経験することはない。
良い日も、悪い日も、
今を楽しもう。

今日はどんな一日でしたか？

つらかった?

せつなかった?

しあわせだった?

どんな日も大切な一日。

決してムダな日なんてないんです。

悔しさはバネにして、

しあわせをエネルギーにして、

また明日もはばたこう。
どんな日も、二度と経験することはない。
良い日も、悪い日も、今を楽しもう。

愛を形に

高橋先生!
失礼しまーす!
バァン
うん?
何か用かな?
バレンタインの
プレゼントです!
うわぁ、
嬉しいな!
中身は何かな?
今年は手編みの
白衣風セーター
にしてみました!
ありがとう~
すごく温かいよ!
じゃーーん
喜んでもらえてよかった~
わーい
普段着るには
ちょっと
恥ずかしいかな…
先生
LOVE

魔法の言葉

あえて、困難な道を選ぼう。

あなたならどっちを選ぶ？
楽な道と困難な道。
あえて、困難な道を選ぼう。

「そっちは大変だよ」

そんなアドバイスをおそれずに、

誰も歩いたことのない道を歩いて行こう。
困難な道、誰も歩いたことのない道は、
美しい花が咲いているから。
困難な道を歩こうとすると、
必ずあなたを助けてくれるひとが現れるから。
みんなと同じ楽な道。
誰も通らない困難な道。

あなたならどっちを選ぶ？
楽な道と困難な道。
あえて困難な道を選ぼう。

メディちゃんは有名人

メディちゃん、プレゼント！
バレンタインのお返しだよ～
わーっ!
嬉しいです!
大変!メディちゃん宛に
贈り物が届いてるよ!
ええっ!
誰から
ですか?
→職員さん
いろんな人みたい！
沢山あってさ～
中にお手紙が
入ってますね
ファンレター？
「いつもメディ通信
楽しく読んでます。
メディちゃんが食べ物
大好きとのことで、
お菓子を贈りました！」
すごいですね！
メディ通信のおかげで
私、すっかり有名に
なっちゃいましたよ～！
お菓子がい～っぱい！
有名なのは
食べっぷり
だからね…

魔法の言葉

探して探して探し回ろう。今のあなたに必要なものを。

あなたは何が欲しいですか？
現状に満足していますか？
次の成長のために必要なものを見つけよう。
ワクワクしながら探して探して探し回ろう。

いつもアンテナを張り巡らそう。

あなたが自分の成長のため何を必要としているか。
これがあればこんなことができる。
あれがあればもっと凄いことができる。
毎日毎日探して探して探し回ろう。
見つけたら、今度は手に入れる方法を考えよう。
ひとつずつ手に入れて一歩ずつ成長していこう。
立ち止まっている場合じゃないからね。

魔法の言葉

誰も見たことのない景色をつくっていこう。

凄すぎる！
なんだこれは！
素晴らしい！
そんなステキな風景をつくっていこう。
誰も見たことのない
景色をつくっていこう。

何かを真似るのではない。
あなたにしかできないこと。
それがとっても大事。
みんなと横並び。
つまらない。
誰かの後ろについていく。
つまらない。

あなただけの世界観で、あなただけの景色をつくっていこう。
みんなにステキな風景を見せてあげたい。
誰も見たことのない景色を見せてあげたい。
そんな想いって素晴らしいでしょ？
凄すぎる！
なんだこれは！
素晴らしい！

そんなステキな風景をつくっていこう。
誰も見たことのない景色をつくっていこう。

コラム

医師国家試験合格率１００％の大学が続出しています。医学生たちが本気になっています。

「何がなんでも医者になるんだ」

そんな強い決意を感じます。

「医師の資格があれば人生においてなんとなく有利だから」

そんな時代は終わりました。

「医者になって誰かの役に立ちたい」

そんな医学生たちが増えてきている。そう感じます。

以前は医師国家試験合格率が低かった医学部も、頭角を現してきています。

「先輩が１００％だったんだから、自分たちも当然１００％でいく」

そういう環境はとても大事です。

「どうせ自分が頑張っても仕方がない」

そんな空気から、

「みんなで完璧を目指すのが当然なんだ」

そんな空気になると人々の心は入れ替わります。若者たちの心が入れ替わってきています。

私たち大人も、そろそろ本気にならないといけませんね。

完璧な大人。カッコいいですね。私たちの立ち居振る舞い、発する言葉。すべてをパーフェクトにしていこうじゃありませんか。あらゆることを可能にするために、私たちにできることを毎日考えましょう。

「僕たち100%なんで」

そんな研修医の先生方が目の前に現れても、

「あー、僕たちも100%なんですよ」

と余裕の笑顔で返せると、カッコいいですね。

いつもパーフェクトを目指して、カッコいい大人であり続けたいですね。

Part 2

何があっても振り返らない。

魔法の言葉

今日はついてる。

どんなことがあっても立ち止まってはいけません。
つらいことがあったら唱えてみてね。
「今日はついてる」

「ついてないな」

そう思うことはよくありますよね。

でも、ほんとにそうなのかな？

運悪く何かが起こっても、

それが未来に良い結果を生み出すかもしれません。

いいえ、必ず良い結果につなげればいいのです。

どんなことが起こっても

「今日はついてる」

そう唱えてみてください。

その瞬間から、不運なできごとを

幸運なできごとにつなげていく方法が見つかります。

「ついてない」

そんな一言で悪循環に入ってはいけません。

どんなことがあっても立ち止まってはいけません。

つらいことがあったら唱えてみてね。

「今日はついてる」

必須アイテム
高橋院長に
スマホを買って
もらいました!
おおー
いいな〜
メディちゃんのLINE
スタンプ使えるね!
これから
起動します!
↑職員さん
わくわく
まずアイコンを
タップして…
ぎゅっ
ぎゅっ
…あれっ?
あれっ?
手が大きくて
反応しなーい!
メディちゃん!
これ忘れてた!
うわ〜ん
さすが院長
↑タッチペン

魔法の言葉

普通は無理だよね。私ならできるけど。

「無理!」って思ったら
こう唱えよう。
普通は無理だよね。
私ならできるけど。

無理難題は突然に襲ってきます。

でも今のあなたならガシッと受け止められる。
無理難題をしっかり受け止めて
解決の糸口を見つけ出すことが、あなたにはできるのです。
みんなが「無理！」って言うことも、
あなたはやり遂げることができる。
あなた自身を信じてあげてくださいね。
それでも「無理！」って思ったら、こう唱えよう。

普通は、無理だよね。
私なら、できるけど。

魔法の言葉

世の中、不公平だから面白い。

公平であることが
ひとからキバを奪います。
公平さを求めるのではなく
不公平さを楽しめば良い。
世の中、不公平だから面白い。

「不公平だ」

それは誰もが感じていることです。
自分だけ特別扱いしてほしい。
みんなそう思っています。
だから公平に扱ってほしい、できれば特別扱いしてほしい。
そうじゃないと納得できない。楽しくない。
でもね、本当は不公平だから面白い。
不公平だから、その差を乗り越えようと
歯をくいしばって頑張ることができるのです。

不公平でいいじゃない。

気づけば、あなたも羨ましがられているのです。

公平であることが、ひとからキバを奪います。

公平さを求めるのではなく不公平さを楽しめば良い。

世の中、不公平だから面白い。

花より団子

わー！桜キレイ
ですねー！
メディちゃんが
場所取りして
くれたんですよ～！
ねっ！
へぇぇ
くるっ
!?
あああぁあ～っ！
お弁当が全部無い！
場所取りしてたら
お腹すいちゃって～
えへっ

魔法の言葉

長続きするコツ。
何があっても自分との約束を守ること。

やめる理由。
見つけようとしてはいけません。
自分との約束。
何があっても守ろう。

何かを続けたければ、

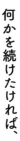

やめる理由を見つけようとしてはいけません。

長続きするコツ。

何があっても自分との約束を守ること。

体調が悪くても、友達に遊びに誘われても、

どんなことがあろうとも

自分で決めたことは毎日続けること。

自分との約束を大切にしよう。

魔法の言葉

最高の思い出にしてあげよう。

今日出会ったあのひとにとって
最高の思い出にしてあげよう。
出会うすべての人々を
しあわせにしよう。

なかなか難しいことではあります。

でも絶対に実践すべきことです。
あなたと出会ったすべての方をしあわせにすること。
あたたかい気持ちにしてあげること。
誰にでもできることではありません。
あなただからできること。
今日出会ったあのひとにとって最高の思い出にしてあげよう。
出会うすべての人々をしあわせにしよう。

厄除けキューピット

へえ〜、ひな祭りって
元々邪気を払う由来が
あって…
ひな祭り
歴史
桃の木には、長寿や
魔除けの力があると
されていたんだ〜
よーし！思いついた！
桃の木に変身！
桃の力で患者さまの
厄払いをするぞー！
やくよ
話は聞いたよ
メディちゃん！
なんていいアイデア！
ぼくも一緒にやるよ！
さあ往診に行こう！
髙橋先生〜!!
な、なんだ
あの怪しい恰好の
二人組は…
お巡りさんにも
厄払いでーす
うわっ
やくよ

コラム

いつも子どもたちには明るい未来を見せてあげたいと思っています。

若い乳がんの患者さまの治療を担当することが多くあります。外来にはママと一緒にたくさんの子どもたちが訪れます。往診でお家をご訪問した時にも、生まれたばかりの赤ちゃんや、よちよち歩きの子どもたち、ママが大好きな小学生やちょっと反抗期の中学生とも出会うことがあります。

そんな子どもたちからみて私は、どんな風に映っているのかな？　いつも、子どもたちからみて、恥ずかしくない医師でありたいと思っています。

「先生は、ママを大切にしてくれなかった」

「いつもこわい先生だった」

「病院はきらい」

「お医者さんきらい」

そんな想いを子どもたちの心に残してはいけないのです。

ママが病気で苦しんでいる姿は子どもたちの未来に影を落とします。ママが、つらい時も頑張って前向きに笑顔で病気に向き合えば、子どもたちの心に明るい光を灯すことができます。お家で過ごすママも、いつも優しく、穏やかに微笑んでいてほしいと願いながら、日々診療にあたります。

ママの苦痛をとってさし上げること。ママの病気を治すお手伝いをすること。私たち医療者の今の態度や治療が10年後の医療に影響を及ぼします。

例えば、中学3年生が医者を目指していたならば、4年後に医学部入学、10年後に医学部卒業です。その時の彼らの医師としての原動力は、今のママに対する思いです。

ママの病気、生き方、愛情、頑張り、涙、そして笑顔。そんなママを支えてきたパパ。そして医療者たちの姿。すべてが日本の医療を変えていくのです。私たち医療者は、その責任を感じながら毎日を過ごさなければなりません。「もっと自覚を持たなくては」と私はいつも自分を叱咤激励します。医療や介護のスタッフは一挙一動に注意を払う必要があります。子どもたちはすべてを見ています。

どれくらい患者さまを大切に思っているか、どれぐらい本気で仕事をしているか。

私たちの関わるすべての方がしあわせになれるように、毎日を本気で生きることが、私たちにも大切なことだと考えます。

子どもたちも日々成長しています。

私たちも毎日自分たちを磨き続けて成長していかなくてはなりません。

「早く大人になりたいな。楽しみだな」

そう思える子どもたちがいっぱいになるように。

魔法の言葉

飛んで行こう！

飛んで行こう！
必要があればどこへでも。
飛んで行こう！
はるかかなた遠くの夢へ向かって。

軽快なフットワークが必要です。

つらい時でも、気が進まない時でも、必要があれば
どこへでも飛んで行こう。

あなたに必要な勉強会があれば飛んで行く。

あなたに必要なひとがいれば飛んで会いに行く。

はるかかなたの夢へ向かって、想像の世界で飛んで行く。

そして輝かしい未来へ向かって、今、何をすべきか考えて行動する。

そんな、すぐに飛んで行く心が大切です。

飛んで行こう！
必要があればどこへでも。
飛んで行こう！
はるかかなた遠くの夢へ向かって。

私が教えます

新入社員さんです。
皆さん、よろしく
お願いしますね
そこでメディちゃん、
先輩として彼女に色々
教えてあげて
もらえないかな？
私がですかッ！
任せてください！
まずこの辺で一番
おいしいケーキ屋さんは
駅の角にあるお店で…
あーっ、それから
ここからすぐ近くに
穴場のたい焼き屋さん
があってですね〜
ランチのご飯お代わり
自由の定食屋さんが
3丁目の青山さんちの隣に
あります！
あとあと
イタリアンのお店、
量のわりに割安で
雰囲気もいい場所
内緒で教えちゃい
ますよ〜
ペラペラ
メディちゃん…
そうじゃないんだ…
他にも教えること
あるよね、ほら…
ケーキ屋さん！
先生！今の情報
とっても為に
なりますよ！

魔法の言葉

何が何でも今日やろう。

思い立ったこと
何が何でも今日やろう。
先送りして後悔するよりも
何が何でも今日やろう。

人生の時間は意外と限られています。

ゆったりしていると、やりたいことの半分もできません。

遠慮する必要はないのです。

あなたのやりたいこと、思い立ったことは今日やろう。

「まあいいか。明日でも」ではなくて、

何が何でも今日やろう。

今あなたが思いついたこと、それを今日行動すれば、

また新しい刺激があなたを盛り立てます。

毎日行動を積み上げて、どんどん成長すればいい。

思い立ったこと、

何が何でも今日やろう。

先送りして後悔するよりも、

何が何でも今日やろう。

新しい出会い!?

大変！
寝坊しちゃった～
遅刻するよ～！
どーん
わっ！ぶつかっちゃった
ごめんなさーい！
大丈夫？どこか
痛いところはない？
ドキーン
なんて素敵な方…
でもダメよ、私には
先生がいるの…
むにゃ
むにゃ
メディちゃ～ん
今は朝の会議中だよ～

魔法の言葉

まじめ、ふまじめ。

まじめでありながら
ふまじめさも大切に。
ふまじめでありながら
まじめさを大切に。

どんな時も遊び心を忘れないようにしよう。

毎日のお仕事の中でも楽しく。

そして、遊んでいる時も真面目さを忘れずに。

極端はいけません。

真面目一本でもいけません。

不真面目一本でもいけません。

まじめ、ふまじめ。

二本立てでいきましょう。

魔法の言葉

何があっても振り返らない。

「何があっても振り返らない」

その強い決意は大切です。

今は前だけ見て進んで行こう。

強く、強く。


様々な分岐点がこれまでにあったことでしょう。

過去の反省を心に刻み前へ進んでいくことは大事です。

でも二度と振り返らない勇気も必要です。

「何があっても振り返らない」

そう心に決めると、強く強く前へ進んでいけるのです。

何かが起きた時、反省し感じたことを
心に刻んでおくことはとっても大事。

でも、それを何度も振り返り悔やんでも仕方がない。

「何があっても振り返らない」

その強い決意は大切です。

今は前だけ見て進んで行こう。

強く、強く。

食べちゃダメ

もうすぐ端午の節句かぁ
鯉のぼり飾らなきゃ！
5 May
鯉って食べられるのかな？
塩焼きにしたら
おいしそう…❤
なんちゃって!
がばっ
私を食べようなんて!
バチが当たるぞ〜!
ぎゃーーー!!
おやおや、
食べ過ぎた夢でも
見ているのかな？
ごめんなさーい
うーん
うーん

魔法の言葉

胸を張って熱意を見せよう。

熱意はひとの心に感動を起こします。
感動は誰かの元気につながります。
感動は誰かに生きる希望を与えてくれます。
胸を張って熱意を見せよう。

あっさりした風潮の世の中になってしまいました。

根性や気合い、そして一生懸命さは

笑われてしまいます。

「なんとなく毎日を過ごせば良い」

「ムダな努力はしたくない」

「一生懸命さは恥ずかしい」

そんな今の世の中で本当に必要なのは熱意、

そして一生懸命さ。

熱意はひとの心に感動を起こします。
感動は誰かの元気につながります。
感動は誰かに生きる希望を与えてくれます。
胸を張って熱意を見せよう。
一生懸命努力しよう。
いつか、あなたの努力の成果をお披露目する、
その日に向かって。

じめじめは天敵

毎日雨で蒸し暑いね～
関東は今日梅雨入りだって
おはようございま～す
ガチャ
わあっ！メディちゃんどうしたの？
湿気で毛がゴワゴワになっちゃって…
ぼさぼさ
ぼさぼさ
今日は寝坊してドライヤーで乾かせなかったんです～
この時期は大変！
寝ぐせヘアのメディちゃんもかわいいよ！

コラム

毎年夏は、私たち訪問チームも患者さまも熱中症との戦いです。各ご家庭で、暑さのために脱水症状を起こす患者さまが多数いらっしゃいます。当院で準備する点滴もどんどん消費されていきます。ご高齢の方は冷房がお嫌いなのでとっても危険です。

去年の夏も危ないシーンがたくさんありました。ある日、仲の良い80代のご夫婦が、風通しが悪く日差しが容赦なく照りつけるお部屋で窓を開けたまま意識を失っていました。お二人とも熱が39度あり、緊急を要する事態でした。多量の点滴を一日に何本も行ない、身体を冷やし、お二人とも一命は取り留めました。

でも翌日も真夏日。ご自宅で安心して過ごしていただく方法がないか。スタッフと緊急カンファレンス。救命のためにエアコンを設置する方針としました。

偶然にもエアコンを買い換えたばかりのスタッフのお家に、取り外されたエアコンがあるとのことで、クリニックのクルマ（メディちゃん号）でスタッフの自宅からエアコンを運び出し、そのままご夫婦のお家に直行。同時に知り合いの業者さんにお願いしてエアコン取り付けを手配。その日のうちに窓型エアコンが設置されました。

スイッチオン。ご夫婦の命を守る冷風が吹き出てきた時にはホッと一安心。お二人とも「生き返るー」とニコニコ。それから毎日お二人は快適に過ごされ、今年もまたお元気に夏を迎えようとしています。また猛暑になっても大丈夫。私たちのエアコンが今年も活躍します。

私たちの役目は患者さまの命を守ること。安心をプレゼントすること。笑顔にしてさし上げること。そのためには、どんなことでもさせていただきます。

「誰かがやらなくてはいけないことは、自分たちでやろう」

私たちのスタッフは誰もがそう思って日々走り回っています。

目の前の患者さまにできることは、きっとたくさんあります。その中でも今すぐにやるべきこと、明日までにやるべきこと、来週までにやるべきこと。
その優先順位を考えて、迅速に動ける人でありたいですね。
そのスピードこそがみんなの笑顔につながるのですからね。

Part 3

愛のある言葉で
伝えよう。

魔法の言葉

懲りないひとになろう。

怒られても、間違えても、
ひたすら前へ進んで行く。
そんな懲りないひとになろう。

「あいつは懲りないなあ」

そんなひとでいい。

間違えても間違えても反省しない。
そうやって前へ前へと進んで行く。
反省して立ち止まってしまうより、
間違いをおそれず前へずんずん進んで行く。
そんなひとであろう。
ひとは誰もが間違える生き物。
価値観はみんな違うし、言うこともみんな違う。

それならば

誰に怒られようと、

自分で間違いに気づいたとしても、

立ち止まる必要はない。

怒られても、間違えても、

自分だけを信じてひたすら前へ進んで行く。

そんな懲りないひとになろう。

衣替え

最近蒸し暑く
なったよね～！
ホントだねぇ！
ウチは昨日、
衣替えしたよ！
職員さん達
涼
奇遇ですね！
私もちょうど
衣替えしたんです！
メディちゃん!?
…と言われても、いつもと
見た目一緒じゃない？
えーっ!!
一目瞭然ですよ！
??
ばたばた
冬毛から夏毛に
変わったんです！
サラサラ！通気性バツグン！
どやぁ
い、いや やっぱり
同じに見えるよ…

魔法の言葉

土壇場で見せつけよう。

追い込まれれば追い込まれるほど
本領発揮する。
そんな土壇場で
見せつけられるひとになろう。

普段はおとなしくしていても、

土壇場で本領発揮をすればいい。

追い込まれれば追い込まれるほど燃え上がる。

そんな強い心を持とう。

土壇場なんてほんとは土壇場じゃない。

おそれる必要はない。

追い込まれれば追い込まれるほど本領発揮する。

そんな土壇場で見せつけられるひとになろう。

シェアリング

今日も
暑いですね〜
お腹すいたから、
おそば屋さんに
入ろうよ
僕は冷たい
うどんにしようかな
メディちゃんは？
うーん…
冷たいおそばも
おいしそうだなぁ
お品書き
どっちも気になる〜
どうしよう…
うどん
そば
うどん
そば
うどん
メディちゃん！
じゃあ
こうしようよ！
仲良く
半分こ！

魔法の言葉

あなたの通った道に美しい花を咲かせていこう。

あのひとが通ったあとは美しい花が咲いていくね。
ステキな香りが残っているね。
そんな存在であろう。

あなたが歩いてきた道。

振り返ってみていかがですか？

美しい花が咲いていますか？

毎日たくさんの種をまこう。

美しい花が咲いていくように。

今はまだ芽が開かなくてもそっとそっと種をまいていこう。

あなたと出会った一人ひとりの胸ポケットに

美しい花を一輪、そっと挿していこう。

あなたが優しく接した一人ひとり。

全力で取り組んできたお仕事。

すべてに美しい花を添えていこう。

あのひとが通ったあとは美しい花が咲いていくね。

ステキな香りが残っているね。そんな存在であろう。

あなただからできる。

あなたじゃなきゃできないからね。

メディちゃん覚醒!?

今日は皆さんと、
渓流へ鮎のつかみ取りに
やって来ました！
すずしぃー！
1時間採り放題だよ～
沢山つかめるといいね！
気合い入れて
腕まくり～
採り！放！題！
じゃあ本気出して
いきますよー！
うおお
お
お客さーん、もうちょっと
お手柔らかにお願いしますよ～
うおおぉぉお

魔法の言葉

愛のある言葉で伝えよう。

どんな時も丁寧に愛を込めて
言葉を発しよう。
あなたの想いを愛のある言葉で伝えよう。

何気ない一言が相手を傷つけます。
そして愛のある言葉がひとを救います。

言葉ってとても大事。

一言ってとても大事。

せっかくだから、あなたの想いを愛のある言葉で伝えよう。

凍りついて閉ざされた心をも溶かしてしまうような

熱い愛の言葉で、あなたの想いを届けよう。

どんな時も丁寧に愛を込めて言葉を発しよう。

あなたの想いを愛のある言葉で伝えよう。

コラム

障害を持ちながらも輝く皆様を多く見かけるようになりました。

障害には様々な形があります。一見なんともないご様子の方が耳が不自由だったり、目が不自由だったり、足を失っていたり。一瞬では身体が不自由かどうかの判断はとても難しい。がんの患者さまも身体に痛みがあったり、思うように動くことができなかったり、心が傷ついていることもたくさんあります。一見すると、とても元気なご様子なのに、本当は人に心配をかけまいとして無理をしている方もたくさんいらっしゃいます。

私が医師になった当初は、患者さまご本人へはがんだと伝えないことが大原則でした。そんな中、海外留学されていた先輩医師が、「がんだと本人に言わなきゃだめだ」という考え方を大学病院に持ち帰って来られました。「ご本人に伝えるなんてひどい医者だ。患者さまを傷つけるなんて許せない」と、うぶな私は思いました。それからも自問自答を繰り返し続けました。

がんと言われて落ち込む患者さま。勝手にがんであることを告げた医師への家族からの怒り。様々な場面に遭遇しました。

やがて自分の中でひとつの答えを見つけました。がんだとご本人へお伝えして一緒にがんと向き合おう。患者さまと一緒に闘っていこう。患者さまが落ち込んだり、悩んだり、壁にぶつかった時には、どんな時でもすぐに解決しよう。必要な時にはいつでも何回でもお話をしよう。それが患者さまにがんとお伝えするために自分が責任を持つべきこと。

あの時の想いは今も変わりません。

「命があまり残されていない」そんな風に主治医の先生から言われて、悲しみながらご自宅へ戻られてくる患者さまもいらっしゃいます。そんな患者さまの手を離すことなく、ずっと一緒にがんと向き合い、支えていくことが私の使命だと考えています。

「あなたには障害が残ります」

「あなたにがんが見つかりました」

医師が患者さまへお伝えするのはパワーが必要な場面。でも、それ以上に、患者さま、ご家族さまは目の前が真っ白になる場面です。そこからどれほど本気で患者さまと向き合えるか。責任を持ってずっと支えていくことができるか。ある日、突然の医師からの宣告に動揺する患者さま、ご家族さま。そんな皆さまに私たち医療従事者は日々、自分に何ができるのか。自問自答しながら答えを見つけていかなければいけません。

元気な人も精いっぱい頑張る。障害をもつ人も精いっぱい頑張る。

障害という言葉にとらわれず

みんな一人ひとりが、お互いに敬意を持って

心から応援し合える世界にしていきたいですね。

魔法の言葉

あの時の夢を思い出せ。

もう忘れてしまったあの時の夢。
もう一度思い出してみよう。
あの時の夢を思い出せ。

いつしかつまらない大人になっていませんか?

あの頃に見ていた夢は叶っていますか?

本当にやりたかったことができていますか？

つらいことも笑顔で乗り越えられる。

そんな素敵な仲間に囲まれていますか？

目を輝かせていたあの頃の自分を、

時々そっと思い出そう。

それが今のあなたをもっと輝かせる大きなヒントになるから。

もう忘れてしまったあの時の夢。

もう一度思い出してみよう。
あの時の夢を思い出せ。
つまらない大人から卒業しよう。
楽しいことばっかりして
生きていこう。

眠れない夜は

う〜ん、今日は蒸し暑くて全然眠れない…
メディちゃーん
こんな時は高橋先生を数えてみよう!
先生が二人、先生が三人、四人…うふふ…うふふふふ……
翌朝
みんなおはよう〜
あれっ？メディちゃんは？
まだ見てないね〜
遅刻かな？
珍しい〜

魔法の言葉

適度な不安は原動力

不安があるから
毎日頑張れる。
不安があるから
ひとに優しくなれる。
不安があるから
しあわせになれる。
適度な不安は原動力。

不安に押しつぶされてはいけません。
不安は原動力にしなくちゃね。

何となく不安。
だから毎日私たちは行動できます。
不安だから外に出てみる。
不安だから誰かに連絡をとる。
大切なひとが笑顔じゃないと不安だから頑張れる。

不安って大事。
何もおそれる必要はない。
不安があるから毎日頑張れる。
不安があるからひとに優しくなれる。
不安があるからしあわせになれる。
適度な不安は原動力。

メディちゃんの願いごと

魔法の言葉

すべてはタイミング。

今かな、まだかな。
タイミングの見極めは大事です。
すべてはタイミング。

何かを伝える時。

何かを始める時。

タイミングは大事です。

「今かな」

そう思っても、空気を読んで一瞬で引っ込める瞬発力も大事です。

「まだかな」そう思っても、チャンスと思えば一瞬で差し出す。

そんな準備も大事です。

いつも準備をしっかりしておくこと。

そして空気を読んで最高のタイミングで動き出すこと。

それが大事です。

さあ、あなたは今日動きますか？

それとも準備だけ進めておきますか？

今かな、まだかな。

タイミングの見極めは大事です。

すべてはタイミング。

備えバッ地理（チリ）防災の日

魔法の言葉

能力に限界はある。でも、可能性に限界はない。

ひとりでできることは限られています。
だからといってあきらめる必要はありません。
あなたの可能性は無限大なのだから。

私たち一人ひとりにできることには

限界があります。

どんなに限界を感じても

知恵を絞ってあなたの能力を

最大限に活かす方法を考えよう。

あなたの能力に誰かの能力を掛け合わせれば、

無限の可能性が生まれます。

みずから限界を決めなくて良い。

あなたの能力に限界を感じてもがっかりしない。
ステキなひとを見つける能力、大切です。
あなたの能力を最大限に活かしてくれてさらに成長させてくれる。
そんな素晴らしい仲間を見つける能力も磨いていこう。
ひとりでできることは限られています。
だからといってあきらめる必要はありません。
あなたの可能性は無限大なのだから。

コラム

だんだんと1年のスピードが速くなってきています。目の前のことに集中していると一日もあっという間、一日一日を本気で生きていると一年もあっという間ですね。

時々「先生、目が真っ赤ですね」と言われるのですが、患者さまの目をしっかりと見てお話を聞いていると自然と目を見開いて、まばたきが少なくなるのが原因みたいです。

目は口ほどに物を言う、といいます。あの人は目が笑っていないなんて言われてしまう方もいます。目はとっても大切。

患者さまとお話する時は必ず目の奥を見ながらお話をします。でも、どんなに心を込めてお話をしても患者さまに想いが伝わらないこともあります。

患者さまの信頼をいただくということはとても難しいこと。病状をいかに正確にお伝えするか、また、どのように伝わっているのかを次の機会にしっかりと把握すること。

伝わっていないなと思ったら次回さらにわかりやすくお話をする。それでも伝わらない時には明確な文章にしてお渡ししながらお話をする。あの手この手で伝える努力をしなければなりません。

特に重い病気の患者さまの場合、ご本人さま、ご家族さまは基本的にはあきらめたくない、認めたくないという想いが強いので、真実を受け止めていただくのに、とても時間が必要です。

「先生、私の病気治るかな？」

私の目を見つめて可愛いおばあちゃまがご質問くださいました。

ドキッとしながらも、

「お熱も出るし、体調に波があるから心配してしまったのですね。大丈夫ですよ。私たちがどんな時にも駆けつけますし、何よりも体調が落ち着くようにいつも見守っています。病気を治すのは難しいけど、暴れないように抑えていくことが大切です。いつも私たちがそばにいます」

彼女の目を見つめながら心を込めてお話をします。

彼女も私の目の中に嘘の光が見えないことを確認し安心されました。おばあちゃまは今も、ニコニコと私たちを空の上から見守ってくださっています。
本当の気持ちを、本当のことを、心を込めて、目力を込めてお伝えすることが大事。そうすれば必ず私たちの気持ちは相手に伝わります。

あなたの真っ直ぐな想いを
あの人にしっかりと届けてくださいね。
心を込めて。
目力を込めて。

魔法の言葉

一を聞いて十を知って
百の行動をしよう。

先を読むことはとても大切です。
聞いて、理解して、
方向性を決めて行動する。
あなたならそれができる。
一を聞いて十を知って
百の行動をしよう。

誰かにヒントをもらったら、それを活かさなければなりません。
聞き流してしまってはいけません。
まずは一を聞いたら十を知ることがとても大事。
それはあくまでも知識としての理解。
そこで終わってはいけません。
十を知ったら百の行動をしましょう。
それは百個の試行錯誤でもいい。

とにかくゼロの行動で終わってはいけません。

何かを学んだら必ず行動に移すことを心がけよう。

先を読むことはとても大切です。

聞いて、理解して、方向性を決めて行動する。

あなたならそれができる。

一を聞いて十を知って百の行動をしよう。

魔法の言葉

「誰にも影響されない」そう心に決めよう。

どんなことが起こっても
あなたの進むべき道はひとつ。

何を言われようと、何が起ころうとも、

「誰にも影響されない」

そう心に決めよう。

毎日感情が揺れ動く。

当然のことです。

揺れ動く感情を、上手にコントロールしていこう。

思い出して。

あなたが全うすべき使命を。

なぜ今、毎日頑張っているの？

迷う必要なんてない。

その道をまっすぐに進めばいい。
思い通りにいかなければ誰かの力を借りればいい。
どんなことが起こってもあなたの進むべき道はひとつ。
何を言われようと、何が起ころうとも、
「誰にも影響されない」
そう心に決めよう。

空飛ぶメディちゃん

メディちゃん 往診いくよ～
は～い！
ぎょっ
→職員さん
メディちゃん！ その恰好 どうしたの!?
じゃーん
後ろの羽ですか！これは 新型のドローンです！
これに先生が つかまって移動 すれば、渋滞も ヘッチャラです!
いつでも 患者さままで ひとっ飛び！
翌日…
NEWS
市内上空に謎のドローン
昨日、市内の上空を 不思議なドローンが 飛んでいるところを 通行人が目撃し…

Part 4

魔法を
かけよう。

魔法の言葉

自分の枠《わく》を飛びだそう。

あなたが自分で決めた枠。
そこに閉じ込められているのも
あなた自身。
さあ、自分の枠を飛びだそう。

杭《くい》につながれて育てられた子ゾウくんは、

大人になって杭を外されても逃げ出さないそうです。

自分で自分の心に杭を打って動けないでいるのです。

これは、いろいろな本に出てくる例え話ですが納得できますよね。

私自身も自分に杭を打って動けないでいた時期もあります。

「あれをしちゃだめ」

「これをしちゃだめ」

そんな自分自身を縛りつける杭。

でも、杭を外して枠を飛び出せば
楽しいことがいっぱいあります。
外の世界に出て行く勇気を持とう。
あなたの大切な人生。
あなたが勝手に決めた枠にとらわれてはいけません。
ほら、見てごらん。
足下には何もないよ。

あなたのやりたいことに向かって突き進めばいい。
あなたが自分で決めた枠。
そこに閉じ込められているのもあなた自身。
さあ、自分の枠を飛び出そう。

魔法の言葉

24時間考え続けよう。

大好きなこと。趣味のこと。仕事のこと。
解決したい問題。24時間考え続けよう。
必ずいつか、答えが見つかるから。

物事が上手くいかないとき。

落ち込んでしまうこと、ありますよね。

でも、落ち込む必要なんてない。

意識がそこにあれば、

必ずひとは答えを見つけることができるのです。

考えるのをやめてはいけません。

解決すべき問題。

24時間考え続けよう。

手に取った本の中に、街の中に、あなたに届く情報の中に、答えにつながるヒントがあります。
大好きなこと。
趣味のこと。
仕事のこと。
解決したい問題。
24時間考え続けよう。
必ずいつか、答えが見つかるから。

いたずら合戦ー秋の陣

今日はハロウィン！
変装して先生にお菓子を
おねだりしちゃいます！
院長室
トリックオアトリート！
先生！お菓子くださ〜い
わっ
って…あれー！
人形のニセモノだー！
ガーン
あははは、引っかかったな〜
イタズラ返しだよー！
じゃーん
ううう〜っ、
先生の方が一枚
上手だった〜

コラム

10月はハロウィン。

往診医には恐怖の季節です。運転をしていると、街中で頭にナイフが刺さった方や、怖いお化けがいっぱい歩いています。彼らを刺激しないように慎重に運転するので、患者さまのご自宅にたどりつくまでに、たくさん時間がかかってしまいます。

ほんとに恐怖です。

でも参加されている皆さまはとっても楽しそうな表情をされており、みんなで一緒に楽しむことって大事だなって感じます。

患者さまのお宅でもハロウィンの飾り付けがされていたり、小さなお子さまが可愛い衣装で登場したり、とっても楽しい季節でもあります。もちろん「もう子どもじゃないんだから」と大人な対応の中学生の女の子もいます。

先日、患者さまの胸水をご自宅で抜いているときに、中学生の女の子がリビングにやってきて勉強を始めました。ハロウィンの飾り付けの中、真面目に勉強を始めました。とっても綺麗な字で英語をサラサラと書いています。そばにいたご家族さまからそっと、「弱視で可哀想なんですよ。今は何とかコンタクトで見えてますが」とのささやき。女の子が「なんか私のこと言った〜？」と笑顔。でも次の瞬間、「目はもう治らないんだって」と涙がこぼれてきました。

私は自分のことを女の子に話しました。私は弱視で生まれたこと。毎日眼鏡をかけて、アイパッチをつけて、いっぱい本を読んで、網膜と脳を刺激したこと。頑張って治療を続けてきたから、今は外科医として手術もできるようになったこと。あきらめずに治療を続けていけば必ず明るい未来が待っていることをお伝えしました。

お家を出る時に、「これからも応援してるからね！」と女の子と握手。綺麗な瞳が印象的でした。

たくさんのストーリーがそれぞれのお家にあります。「トリックオアトリート」そう言いながら、みんなのお家に幸せを運ぶことができたらとってもしあわせです。

魔法の言葉

のんびり、のんびり。
忙しい時ほど、のんびり、のんびり。

いろいろと忙しいですよね。
でも、そんな時ほど
気持ちはのんびり、のんびりしておこう。
のんびり、のんびり。
忙しい時ほど、
のんびり、のんびり。

のんびりした立ち居振る舞い。

自分自身にも他のみんなにも安心感をプレゼントできます。

せかせかすると周りも焦ってしまいます。

行動がバタバタすると何よりあなた自身があたふたしてしまう。

どんなことがあってものんびりした気持ちは大切です。

忙しい時ほど気持ちをのんびり。

慌ただしい時ほど行動をゆっくり、のんびりしよう。

5分でもいい。

そっと目を閉じて

「のんびり、のんびり」

と心で唱えよう。

それにしてもいろいろと忙しいですよね。

でも、そんな時ほど気持ちは、のんびり、のんびりしておこう。

忙しい時ほど、のんびり、のんびり。

魔法の言葉

宝物を増やしていこう。ひとつずつ、ひとつずつ。

あなたの大切な宝物。
少しずつ増やしていこう。
宝物を増やしていこう。
ひとつずつ、ひとつずつ。

あなたが日々目にするもの、手にするもの。

すべてが大切な宝物。

今は気にも留めなくても、

いつか、もの凄い価値に気づくから。

どんなことも流さずに経験し受け止めて、

そして自分のものにしていこう。

みんな気がつかないそのものの価値に、

あなたなら気づけるから。

あなたの大切な宝物。
少しずつ増やして行こう。
宝物を増やしていこう。
ひとつずつ、ひとつずつ。

コラム

コロナの時代。

遊びまわりたい子どもたちもステイホーム。

出かける時にはきちんとマスクをしてお出かけです。

たくさんのイベントを子どもたちは我慢しています。

ママも子育てに苦労しています。

外来でママたちのお話を聞いていると、皆さま次のように悩んでいらっしゃいます。

「うちの子は落ち着きがないんです。言うことも聞かないし」

何でも言うことを聞いて静かな子よりも、落ち着きがない子のほうが子どもらしいと私は思います。感性の赴くままに動くことは大事だったりします。

そんな私はというと、小さいころは何でも人の言うことを聞いて大人しく、とっても良い子でした。それが今は、自分の信じる道を突き進み、人に止められてもまっしぐらな大人になってしまいました。昔、抑え込んでいたものが爆発している感じです。

多くの人が自分を抑えて毎日頑張っています。もちろん理性を保つことは人として当然です。ただし夢の実現のためには自分を信じてまっしぐらに突き進む力も必要です。人の言うことを聞いて理解しながら、その意味を考えたうえで自分なりの解釈で動くことが大事です。

「在宅緩和ケアを始めたい。24時間を患者さまに捧げたい」

当初そんな私の無謀な考えを、多くの皆さまがなだめてくださいました。

「自分の身体が一番。一人では身がもたない。考え直してみたほうがいい」

でも走り出した私の心の鼓動は止まりません。

自分のやりたいこと、自分が成し遂げたいこと、心が躍ること、たとえつらいことでも乗り越える自信を持つこと。それが大事。常に自問自答し、ゆるぎない自信があれば走り出せばよいのです。自分の思いや考えを上司に伝えて、自分にできることを提案する。人に求めるだけでなく、自分が何を提供できるのかを考えて行動する。

欲しがってばかりではいけません。自分の力で人を幸せにできる方法を見つけて、行動することが大事です。

　無理する必要はありません。本を読んで勉強したり、研修を受けて手技を磨いたり、知識や手技を向上させることが、あの人のしあわせにつながります。あなたにできること、そして心躍ることを今すぐに始めよう。今のあなたの環境でできる最大限をめざそう、

　誰に何を言われても構わない。あなただからできることをひとつずつ形にしていきましょう。

魔法の言葉

その領域でトップを目指そう。

あなたの仕事。
あなたの趣味。
あなたの活動。
人並み程度ではなく、
その領域でトップを目指そう。

オンリーワン、かつナンバーワン。

それが大事です。

個性を打ち出すのも大事。

情熱を前面に出すのも大事。

正確さもとっても大事。

誰にもできないことを成し遂げられるあなた。

オンリーワン、かつナンバーワンを目指そう。

だからといって焦る必要はない。

焦っても空回りするだけ。
じっくり取り組んでみよう。
あなたの仕事。
あなたの趣味。
あなたの活動。
人並み程度ではなく、
その領域でトップを目指そう。

食欲と芸術の秋

芸術の秋!!と
いうことで、
今日はデッサン
をしてみます！
モチーフはこれ！
おいしい焼きたて
さつまいも
ほく
ほく
……いいにおい…
おいしそうだなぁ…
じゅる…
作品名…
お皿？
お皿(の上に乗っていた
さつまいも)です〜!!
作品名：お皿
メディちゃん

魔法の言葉

今日に悔いなし。

「今日はあれをやり残した」
そんなことがないように
毎日を本気で生きていこう。
今日に悔いなし。

自分との約束。大事です。

私も、「悔いのない人生にする」と自分に約束して
毎日活動しています。
たくさんの患者さまとお話をして、
できるだけたくさんの本を読んで、
手術にも抗がん剤治療にも外来も往診も、
いつも全力で取り組みます。
毎日頑張っている患者さまに恥ずかしくないような
生き方をすると自分と約束したから。

あなたもご自身と約束してください。
「今日はあれをやり残した」
そんなことがないように、
毎日を本気で生きていこう。
今日に悔いなし。
そんな人生にしていこう。

露天でひとくち

秋空の下、紅葉舞う温泉…
う〜ん、風流ですね〜
あれーっ、露天風呂一番乗りかと思ったらメディちゃんが先にいたよ！
←職員さんたち
後ろからビックリさせちゃうぞ〜
やっほーメディちゃん！
湯加減どう〜？
あっ！皆さん！この焼き芋はですね！
一緒に食べたらおいしいかなって！
おならしてもお湯の中だからバレないとか
そんなことは考えてないです！
もぐもぐ
もぐもぐ
風流は一体どこへ？

魔法の言葉

どんなことも雑用だと思わない。

どんなこともできたほうがいい。
雑用を雑用と思わずに行動できるひとが
本当に価値があるのだから。
どんなことも雑用だと思わない。

「これは違う。私の仕事じゃない」

そんな思いを捨て去ろう。
すべてはあなたに必要なこと。
雑用は神様がくれたプレゼント。
「やってて良かった」
そう思う日が必ず来る。
必要ない仕事なんてない。
どんなことも雑用なんかじゃない。

お仕事の中での頼まれごと。

誰かのためのちょっとしたお手伝い。

お家の中でご家族のために毎日してあげていること。

何が欠けても世の中は回らない。

あなたが目の前のことを避ければ歯車は狂っていく。

あなたが目の前の気づきを解決することで、

みんなが笑顔になれるから。

見ているひとは見ているから大丈夫。

雑用なんて存在しない。

すべては必要なこと。

どんなこともできたほうがいい。

雑用を雑用と思わずに行動できるひとが

本当に価値があるのだから。

どんなことも雑用だと思わない。

魔法の言葉

下から目線を大切に。

どんな時も下から下から。
相手のことを大切に大切に。
下から目線を大切に。

何を言うにも上から目線の方はいらっしゃいます。
そんな時にこちらも負けずに上から目線で立ち向かう。

それじゃあ、お子ちゃまです。

おぼっちゃま、おじょうちゃまって言われちゃいます。

どんな時も相手を尊重し敬意を表する。

それが大人の対応です。

腰を低く、相手を大切に。

それってとても大切なことです。

どんな時も下から下から。

相手のことを大切に大切に。
下から目線を大切に。

ごちそうの宝庫

今日は二人で水族館に来ました！
うわあ～イワシの大群、すごいですねー
メディちゃん、こっちはクラゲだよ！綺麗だねー！
イワシといえば塩焼きが一番！あっ、フライ揚げも好きかなぁ…うふふ…
ぶつぶつ
クラゲはお刺身で食べると、コリコリしてておいしいですよねー！
あっ！あそこで泳いでる大きなエイ！かじりつきたーい！
海の幸がたくさん！ステキな場所ですね！
何をしに水族館へ来たんだったかな？

魔法の言葉

魔法をかけよう。

みんなに魔法をかけちゃおう。
あなたの言葉で。あなたの行動で。
みんなをしあわせにする魔法をかけよう。

金の斧と銀の斧、どっちを選びますか？

もちろんどっちも！

大きな玉手箱と小さな玉手箱、どっちを選びますか？

どっちも選ばないでずっと竜宮城にいたい！

もし魔法が使えたら

誰かのために使いますか？

それともあなたのために使いますか？

もちろん、どっちもですよね！

欲張りでいいんです。

どちらかひとつ。

そう言われてもその中から選ぶ必要もないし、

両方選んでも良い。

魔法が使えたらみんなをしあわせにして、

あなたもしあわせになればいい。

「魔法なんて使えないよ」今そうおっしゃいましたか？

そんなことないですからね。魔法は使えます。

あなたが「みんなをしあわせにしたい」
あなた自身が「しあわせになりたい」
そう願えば必ず想いは実現します。

夢を叶えるためには、
あなた自身が魔法にかけられていなくてはいけません。
揺るぎない自信、ブレない軸、
オーラのある立ち居振る舞い、明確な未来のビジョン。

魔法にかけられたあなたのキラキラした瞳で
みんなに魔法をかけちゃおう。
あなたの言葉で。
あなたの行動で。
みんなをしあわせにする魔法をかけよう。

続・私が教えます！

今年も新入社員さんがやってきました。

皆さん、よろしくお願いします！

メディ先輩！新人さんの指導、私にさせてもらえませんか！

←去年の新人さん
ええっ！私の役を!?

えっへん
私の方が適任ですよ！美味しいお店も、お得なお店も沢山知ってますから！

うう〜っ私だって…

自分で調べたお店が先輩に教わったお店よりもいっぱいあるんです！私だって負けません！

やれやれ…今年も賑やかになりそうだ…

なんだってー！私も負けないですよー！

魔法の言葉

「生まれ変わったらやりたいこと」を、今やろう。

あなたの人生。
充実していますか？
納得していますか？
「生まれ変わったらやりたいこと」を、今やろう。
生まれ変わる前に今やろう。

あまり先送りばかりしていると、

次の人生に大切なものを先送りしてしまいます。

先送りをやめて、やりたいことを今日から始めよう。

チャンスが来たらすぐに飛びつこう。

あなたの人生。

充実していますか？

納得していますか？

「生まれ変わったらやりたいこと」を今やろう。

生まれ変わる前に今やろう。

魔法の言葉

メッキじゃない
本物の輝きを持つ人生を歩いていこう。

表面だけじゃなく
内面からも自分を磨いていこう。
メッキなんてすぐにはがれる。
傷だらけになっても
本物の輝きのある
人生を歩いていこう。

傷だらけになっても
輝いてる人生を歩いていきたいですね。
そのために毎日たくさんの人の意見を聞いたり
たくさんの本を読んでいろいろな考え方を身につけよう。
たくさんの情報を入手し、その中でまた
新たなあなたの意見を作り上げよう。
自分で考え自分で行動する。

それが本物の輝きを持つ人生にするために大切なことなのです。

世の中から目を背けず自分をしっかりと見つめて、

メッキじゃない本物の輝きを持つ人生を歩いていこう。

キラキラ輝く人生を歩いて行こう。

一緒にね！

コラム

年末年始の9日間。ご自宅でお見送りした患者さまは9人。おひとりおひとりの穏やかなお顔を私は一生忘れません。

在宅緩和ケアという熱い情熱で始めた任務を、全うする喜びを日々感じています。

研修医のころ、私は末期がんの患者さまが苦手でした。だんだんと弱っていく患者さま。

「私はいつまで生きられるのですか」

そんな質問に、「何をおっしゃってるんですか。頑張りましょう」なんて目をそらしながらお答えしていた日々。患者さまが亡くなるたびに、無力感に襲われていました。

かつて、若い女性患者さまを乳がんで失った時に、そばで立ち尽くす幼い男の子と女の子の姿が今もまぶたに焼き付いています。

この日、私の心の中で炎がメラメラと燃え上がりました。

「患者さまも、残されたご家族もしあわせにできるような緩和ケアを実現したい」

私はしあわせなことに前職の勤務医時代に緩和ケアに精通した上司に恵まれ、緩和ケアチームの立ち上げに成功。病院の中でできること、できないことについても学ぶ機会をいただきました。

さらに勤務医としてできること、開業医にしかできないこともいっぱい考えました。たくさん悩んだ結果、在宅緩和ケアクリニックを開業。周りの方はびっくり。上司の先生が一番びっくり。

医師として1000人以上のがん患者さまをお看取りし、そのうちご自宅でお見送りした患者さまは800人。燃え尽きずに今まで来られたのは、とにかくできることをやり尽くしているからこそ。

医師や看護師は、患者を失うたびに無力感が増していくと言われています。燃え尽き症候群。良く聞く言葉です。

私たちは違います。患者さまをお見送りするごとに、やり遂げた感や満足感で心が満たされます。もちろん患者さまを失うのはとてもせつないこと。

でも在宅緩和ケアとしてできることはたくさんあるのです。

私たちが提供するのは医療だけではありません。まごころも一緒にご提供いたします。ひととしてできることを全部やります。患者さま、ご家族さまが満足いただけることを、ひとつずつ形にしていきます。病院でなければできないと思われていることもご自宅で行なっていきます。非常識を常識に変えていく。それが私たちの使命。

当院のご自宅でのお看取り率は97％。100人の患者様のうち97人が入院することなく、ずっとご自宅で過ごしていけます。しかし、私自身はいわゆる「看取りの専門家」とは考えていません。

患者さまとのお別れはつらい。ずっと元気でいて欲しい。でも必ず誰にも最期の日は訪れる。それならば、患者さまに少しでも楽しい時間を過ごしてほしい。ご家族さまには悔いのない日々を患者さまと一緒に過ごしてほしい。そのためにできることを私たちはどんなことでもしていく。

「滞在時間を気にせずどんなことでもしてきてさし上げてください。体調の悪い患者さまのお家には何度も伺ってください」

訪問スタッフにはそう伝えています。

私たちは「楽しい人生のお手伝い」をさせていただく専門家。年間180名以上の患者さまをお見送りしながら思うことは、忙しさよりもやりがい。喪失感よりも充実感。

燃え尽き症候群。防ぐ手段は、やれるだけやり尽くすこと。

「大変なお仕事ですね」たくさんの皆さまにそう言われます。

「仕事じゃありません。趣味です！」そうお答えするようにしています。

趣味だなんて失礼かもしれません。でも、患者さまの笑顔が大好きなんです。患者さまのお家に伺って痛みや苦しみを解決し、元気になった患者さま、笑顔のご家族さまにお会いするのが生きがいなんです。だから仕事だとは思っていないんです。

趣味なら一日中、一年中、休みなく続けられますよね。だから仕事じゃなくて趣味。

働き方改革。趣味には適応されません。

私の大切な趣味は、在宅緩和ケアなんです。

教えて
メディちゃん

在宅緩和ケアの秘密

困った時は
主治医の先生に
お伝えくださいね。

教えてメディちゃん

そもそも今の状況で患者さまがお家に帰れるのか、主治医の先生も不安に思っています。どうしたら良いでしょうか。

メディちゃんに代わりまして髙橋がお答えいたします。

私も病院勤務が長かったですから、病院の先生のお気持ちがとてもよくわかります。

こんな状態でお家に帰したらご本人さまもご家族さまも大変なんじゃないか。不安が強くなってしまうのではないか、すぐに救急車で戻ってきてしまうのではないか。そもそも、お家でどんな点滴をどれくらいの頻度でしてくれるのか、救急車を呼ばないですべての治療を訪問診療、訪問看護で対応できるのか。

様々なご不安があると思います。

私たちはどのような患者さまもいつでもお引き受けできるように、スタッフの体制をしっかりと整えております。土日や祝日も一日に2回、3回とご訪問をさせていただきながら体調を整えたり、介護の皆さまと協力して一日に5~7回と医療、介護スタッフがご訪問して病院の特別室と同じような対応が可能です。

ただし主治医の先生が在宅医療とはどのようなものなのか明確なイメージを持てず、「結局患者さまが困った時にはすぐに救急車を呼んで戻ってくるのではないか」というご不安がぬぐえなければ在宅医療の意味はありません。

末期がんの患者さまは、いつでも状態が悪化する可能性が高いです。痰がらみが出てきて呼吸状態が悪くなる「がん性リンパ管症」や栄養の点滴や食事をとっているのにどんどん頬がこけて痩せていく「がん性悪液質」、がんによる痛みの「がん性疼痛」などいろいろなことが起こり得ます。

私たちはこれらすべての症状にご自宅で対応が可能です。24時間の継続した栄養の点滴、モルヒネの痛み止めの注射、腸閉塞の治療、輸血など、救急外来や集中治療室で行なう治療はすべて対応可能です。

主治医の先生がもし、このような症状の患者さままでも退院できるのかな、と思われましたら一度ご相談くださいませ。直接、私どもが病院へ伺って患者さまの状態やレントゲン、CTなどの画像検査や採血検査などを確認させていただき、ご一緒にご自宅での治療方針を検討させていただきます。

今入院されているほとんどすべての患者さまを当院ではいつでもご自宅でお受けすることが可能ですので、もしよろしければお声がけくださいませ。責任を持ってご対応させていただきます。

訪問看護ってどんなことをしてくださいますか？

当院では医師・看護師・看護助手が３６５日毎日出勤しております。

看護師にできることはたくさんあります。

当院は在宅緩和ケアを中心に行なっており、医療用麻薬の管理や中心静脈栄養の管理、さらには各種ドレーンチューブの管理をはじめ、ストマ管理も行ないます。24時間の高カロリーの点滴をしながらの入浴の介助も体力を見ながら必要に応じて可能です。

ご家族さま、ご本人さまのご希望をすべてかなえるためにできることを見つけて対応してまいります。

常に医師と連絡を取りながら訪問看護を行ないますので、患者さまの苦痛や不安が強ければ、直ちにその場で医療用麻薬を開始して苦痛を緩和してさし上げたり、嘔吐されている場合にはその場で胃管を留置することも可能です。医師が到着するより先に看護師が駆けつけて、あらゆる初期対応ができるように日々訓練しております。

また、高度な知識を必要とする医療用麻薬の微量投与の器械の使用方法も習得しております。

患者さまが退院される時に持続的に麻薬を点滴しながらご退院されることも多々ございますが、すべての患者さまに対応が可能です。微量投与のポンプを看護師が携帯しておりますので急な痛みへの即時対応が可能です。

高カロリーの点滴を24時間行ないながら退院を予定される患者さまの場合にも、当院看護師が退院後、連日訪問させていただきますので、ご家族さま、ご本人さまは一切輸液の交換などをトレーニングする必要はございません。

CVポート針の交換なども当院で行ないますので、ご心配されませんように。すべてを当院看護師にお任せくだされば大丈夫です。

お一人暮らしで退院直後の介護体制が整っていない患者さまの場合には、訪問前にご希望のものをお買い物してから伺ったり、ご希望によりお料理をさせていただくこともございます。看護師としてできることの前に、まずはひととして、家族としてできることをいつも考えながら行動に移しています。

退院後ケアマネジャーさま、介護事業所さまによる介護体制が整えば、ヘルパーさまにできることはヘルパーさまにご依頼し、当院訪問看護でしかできないことを中心に行なってまいります。

「介護体制が整っていないから退院はできません」ということはございません。当院では何も準備ができていない患者さまでも、当日退院が可能なように、常に体制を整えております。

訪問看護でどこまでできるか。ご不明な点がございましたら「こんなことはできますか？」とお気軽にご相談くださいませ。責任を持ってご対応をさせていただきますからね。

教えてメディちゃん

病院医療と在宅医療の併用は可能ですか？

がんなどの病気に対して、病院で積極的に抗がん剤などの治療を行なっている患者さまが、たくさんいらっしゃいます。治療の副作用や転移による身体の痛みなどがあり、ご自宅でお過ごしになるのが不安な場合、病院医療を受けながら在宅医療をお受けになることは可能です。

ご本人さま、ご家族さまとしても、いつ患者さまの具合が悪くなるかわからない状況で、外来通院の間隔が2週間から3週間近く空いてしまうのがご不安かと思います。特に、元気にスタスタとは通院できず、ご家族の付き添いによりようやく通院されている患者さまの場合には、24時間体制の訪問診療・訪問看護を導入しておいたほうが、具合の悪い時の初期治療をご自宅で行なうことが可能となるので安心です。

例えば、抗がん剤治療中に起こりうる「発熱性好中球減少症」の治療や、食欲不振

の際の点滴もご自宅で行なうことができます。

がんの患者さまは、今は元気に歩いて、お食事が十分にできていても、数週間の間に体力が低下して急激に具合が悪くなり、歩行もできなくなる可能性があります。その際には、通院ではなく往診が中心となり、しかも毎日のように訪問が必要となる場合もございます。

したがって、早期からがんの患者さまやご家族さまといつでも連絡がとれる関係であることが、在宅医療の重要な役割であると考えております。

病院の主治医の先生とともに患者さまを守ることが私たち在宅医の使命です。在宅医と患者さま、ご家族さまとの信頼関係を早期に深めておくためにも、できるだけ早い段階から病院医療と在宅医療の併診を開始しておくことが大切だと考えております。

いつでもご相談くださいませ。

教えてメディちゃん

「入院ホスピス」と「在宅緩和ケア」の違いは何ですか？

一般的に、現在入院しているがん患者さまが末期がんで積極的な治療がないと判断された時に、入院ホスピスである緩和ケア病棟のある病院へご相談されることが多くございます。

しかし、実際には入院ホスピスは、とてもたくさんの患者さまの予約が入っており、患者さま、ご家族さまのご希望が直ちにかなえられることは少ないです。

そこで、入院ホスピスによるケアが受けられるまでの期間、ご自宅で痛みや苦痛がなく過ごせるようにお手伝いをするのが在宅緩和ケアの役割となります。

入院ホスピスと在宅緩和ケアにおいて、がん患者さまの苦痛を緩和するという大きな目的は一緒です。具体的な治療方法も大きな差はありません。痛みや苦痛を緩和する内服薬や注射薬、栄養の点滴や使用するポンプの器械などもまったく一緒です。

入院ホスピスと在宅緩和ケアで受けられる医療の内容はほぼ一緒とお考えになって大丈夫です。

ただし大きな違いがあります。

入院ホスピスの多くは、患者さまが末期がんであることの病状を認識し、積極的な治療がないことを受け入れていることを入院の条件としています。

一方、在宅緩和ケアでは、積極的ながん治療、例えば抗がん剤治療やホルモン治療などを継続しながら、痛みや苦痛を緩和し、さらに積極的治療を継続していくことが可能となります。

積極的ながんの治療を通院で行ないながらも、身体の痛みや苦痛が強い時には、まずは在宅緩和ケアを開始し、同時に入院ホスピスの予約を行なうことが、患者さまを守るための大切な戦略となります。

通院中の病院で、主治医の先生や病院スタッフの皆さまがお忙しければ、在宅緩和ケアを担当するクリニックが、入院ホスピスへの橋渡しを行ないますので大丈夫です。

病院の先生方も、患者さまに苦痛があって、通院が難しくなってきたなとお感じになったら、「治療をあきらめなさい」とおっしゃる前に、積極的治療を継続しながら在宅緩和ケアの併診をお勧めしてみてください。そのあとのことは、在宅緩和ケアクリニックで責任をもって在宅医療や介護に必要な手続きを行なってまいります。

患者さまは見捨てられることをとても不安に思っています。ぜひ患者さまにも、「積極的ながん治療を行ないながらも、緩和ケアを受けることができるんだよ」とお伝えください。それだけで患者さまやご家族さまは笑顔になれるのですから。

教えてメディちゃん

がんの患者さまのご相談です。患者さま、ご家族さまは最期まで自宅でというところまで、まだイメージができておりません。在宅緩和ケアはどのタイミングでご相談すればよろしいでしょうか？

私たちの想いをお伝えさせていただきます。

患者さま、ご家族さまは必ずしもご自宅でのお看取りを覚悟する必要はございません。早い段階で医療者がご本人さま、ご家族さまにお看取りのお話をすることも必要ないと考えております。

なぜなら、在宅できちんと責任を持って診てくれる先生がいなければ誰も、最期まで安心してお家で過ごすことはできないからです。

例えば医師が主導権を持って、「最期はお家にしますか。病院にしますか」とご質問すると、患者さまの心に見捨てられ感が強く残ります。

患者さまには、「在宅緩和ケアでは様々な方法でご自宅での生活を支えてまいります。もちろん、ご不安が強ければ入院することもできます。結果的には入院することなく、苦痛なくお家で過ごすことは可能です」と、どんな時でもあらゆる選択肢を選ぶことができるとお伝えすることが大事です。

私たちが特に大切にしているのは、痛みや不安で入退院を繰り返すことがないように、早い段階でお手伝いを開始させていただくことです。

当院は緩和ケア病棟さまとも連携をしております。がん治療担当病院の先生から当院へ在宅緩和ケアのご依頼があったとしても、患者さまに少しでもご不安があれば、連携している緩和ケア病棟のご案内を私たちのほうでさせていただきます。

ご希望があれば緩和ケア病棟への緊急入院もご相談可能です。

また、がん治療担当病院の先生に、患者さまが定期的に通院し、ホルモン治療や抗がん剤治療をご担当いただきながら、当院で副作用や痛み、苦痛のコントロールを24時間体制で行なうことが可能です。

転移があり、痛みや不安がございましたら、命の長さにかかわらず、ご相談いただいて大丈夫です。何より命の長さの予想自体が難しいのですから。

当院は緩和ケア外来もございますし、週1回や二週間に1回の訪問も行なっております。よりきめ細やかな訪問が必要な患者さまの場合には、毎日医師や看護師がご自宅を訪問したり、一日に3～4回ご訪問して、点滴や痛み止めの調整を行なうことが可能です。

「患者さまが不安そうだな。もう少し痛みや不安を抑えてさし上げたい。誰かに24時間体制で相談の窓口を任せたいな」、そう思われましたらお気軽に当院へご相談くださいませ。

決して、「もう治療はありません。緩和ケアを受けてください。最期は病院にしますか。ご自宅にしますか」、なんてお伝えする必要はありません。

「抗がん剤治療を受けながら、症状の緩和の治療を受けていきましょう。抗がん剤の効果が弱ってきたら、緩和の治療を最優先に行なって、体調を整えていきましょう。ご不安なときには入院できる体制も準備しておきながら、お家で過ごしていけます。まずは24時間対応の在宅緩和ケアの先生にも相談しておきましょうね」

そうお伝えくださいませ。

その後は、私たちが患者さま、ご家族さまのお気持ちをしっかりとお聞かせいただきながら、笑顔になれる方法を見つけてまいります。

「この患者さま、最近笑顔がないな」と思われたら、緩和ケアのスタートなのです。

病院の先生、スタッフの皆さまが、お気軽に緩和ケアのご相談を私たちにしてくださることが、何より一番大切なことなのですからね。

教えてメディちゃん

「緩和ケア」の言葉を出すと、がんの患者さまやご家族さまが怒り出します。どうしたら良いでしょうか？

がんが進行してくると様々な症状が出てきます。痛みや吐き気、さらには体力が低下して歩くことが難しくなる方もいらっしゃいます。

精神的にも悲しい気持ちになり、些細なことで怒りっぽくなったり、誰かに当たり散らしたりしてしまう患者さまもいらっしゃいます。不機嫌な患者さまに対し、医療者や介護者も距離を置いたり、みんなで険悪なムードになったりします。これは悪循環です。

身体の様々な症状を緩和するのが「緩和ケア」です。

世の中ではまだまだ、「緩和ケア」イコール「最期の治療」というイメージが強くあります。したがって、体調が悪く不機嫌な患者さまは「緩和ケア」の言葉を聞いて、ますますイライラしてしまうのです。

緩和ケアはさりげなく始めなくてはいけません。先生が優しく患者さまにお話するのも緩和ケア。看護師さんが患者さまの身体に優しく触れてお話をお聞きするのも緩和ケア。介護の皆さんが、患者さまやご家族さまの悩みを解決していくのも緩和ケアです。

患者さまやご家族さまが笑顔になるために行なうことはすべてが緩和ケアなのです。笑顔で様々な治療に取り組むために、がんに伴うつらい症状を和らげるのが「緩和ケア」です。

抗がん剤治療のために病院に通院中の患者さまをご自宅で24時間体制で副作用の対応をするのも在宅緩和ケアの大切な役割です。

24時間相談できる「在宅緩和ケア」という方法があることを、がんで通院中の患者さまにも是非教えてさし上げてくださいね。

教えてメディちゃん

退院を予定している患者さまの介護保険が未申請です。退院日は迫っています。訪問診療のご相談をしても大丈夫ですか？

とっても多くいただくご質問です。

日本の在宅医療における保険診療の大切な二本柱。それが医療保険と介護保険です。介護保険は病院の先生方には馴染みが少ないと思います。当院院長も在宅医療を決意してから介護保険の実際の活用方法について一生懸命勉強して理解を深めるようになりました。

大きくわけると、医療保険は身体の中のことに関して使用する保険、介護保険は身の回りのことに関して使用する保険です。在宅医療では、身体の痛みの治療や栄養が不十分な時に行なう点滴などにかかる医療費、身体に異変がある時に緊急往診を行なうときの診療費などを医療保険でまかないます。

一方、介護ベッドを導入したり、身の回りのこと、つまり食事のご提供やお部屋のお掃除、また排泄に関してのお手伝いやお風呂の介助など、日常生活の中で身の回りのことを国からの補助でまかなうことができるのが介護保険です。

在宅医療では医療保険と介護保険を上手に併用していくことが大切なのです。医療保険に関するリーダーが医師であり、介護保険のリーダーがケアマネジャーです。

在宅医療ではケアマネジャーを中心にして、患者さまに必要な体制を築き上げていきます。しかも短時間で。医師とケアマネジャーが共にリーダーシップを発揮し、患者さまの24時間を支えていくのです。

教えてメディちゃん

「退院前カンファレンス」って何ですか？

退院前カンファレンスは患者さまが退院をご希望された時に、在宅医療や在宅介護を提供する仲間たちが病院に集まり患者さまやご家族さまに安心をプレゼントする会議です。実際には、すべてのメンバーが集まることはなかなか難しく、参加できる仲間だけが病院を訪問することが多いです。

私たちがお電話でご相談をいただいた場合には、これまでに最短で一時間後にはカンファレンスに参加させていただいております。がんの患者さまの体調には波があるので「調子が良い。退院できそうだ」、とご本人さまやご家族さま、病院のスタッフの皆さまがお感じになった瞬間に退院するのがベストだと考えているからです。

患者さまの「今日帰りたい」にご対応できるように、常に私たちは準備万端にしております。

退院前カンファレンスは、患者さま、病院の看護師さま、当院の医師の三人だけでも開催は可能です。当院の医師が、直接病院に伺わせていただき、患者さまのお身体や点滴内容などを直接拝見して把握し、さらにCT画像やレントゲン写真などを拝見した上で、退院後の治療方針を直ちに組み立てます。そして連携する介護の皆さまや訪問薬剤師の皆さまに直ちに連絡を取り、その日の退院も実現させます。

介護ベッドが間に合わなくても、ご家族様への介護指導をしなくても、ヘルパーさんが間に合わなくても、退院は可能です。まずはご相談くださいね。

「そんな無茶な〜」にご対応できるように、常に私たちは準備万端にしております。不可能を可能にする在宅緩和ケア。きっと患者さま、ご家族さまが喜んでくださいますからね。

教えてメディちゃん

退院まであまり時間がありません。
退院前カンファレンスは必ず開かなければなりませんか？

退院前カンファレンスとは、在宅医療や介護を予定している患者さまに対して病院内で行なう大事な会議です。退院前に患者さまやご家族さまを囲んで、病院のスタッフと在宅の医療スタッフ、介護スタッフが一堂に会する話し合いの場です。退院に向けて、不安がいっぱいの患者さまやご家族さまに安心して退院していただくために、とても重要な役割がございます。

病院の役割は、患者さまの病状を把握し、病気を治療すること。しかし、もし治療が困難で、痛みや不安を解決するための在宅緩和ケアが必要とご判断されたなら、直ちに一度退院前カンファレンスを開いてみてください。きっと患者さま、ご家族さまが安心されることと思います。

もちろん、様々な業種のみなさまに同じ時間、同じ場所に集合していただくことは、病院の連携室のみなさまにも大変な負担になります。そんな時は、訪問診療のクリニックにお声がけいただければ、医師や看護師、ソーシャルワーカーなどがお伺いし、ご挨拶をさせていただきます。

患者さまに必要な介護面でのサポートも、担当のケアマネジャーさまとご相談しながら進めてまいります。

介護面でのサポートが何も決まっていない場合でも、クリニックで手配をさせていただきます。「退院前カンファレンスを開催するにはあまり時間がない」と思われたら、まずは訪問診療クリニックへご相談くださいませ。

もちろん、退院前カンファレンスは必須ではありません。今日、明日の退院をご希望されている時には、一刻も早く退院を目指していただいて構いません。ご自宅に戻られてから、私たちが全力でご自宅での生活をお手伝いさせていただきます。

当院はスピードを大切にしています。どんな状況の患者さまも迅速にお引き受けさせていただきます。

大切な患者さまを私たちにお任せくださいませ。責任を持ってご対応させていただきます。

最近話題の「人生会議」ってなんですか？

「人生会議」って耳慣れない言葉ですね。

堅苦しいお話ではなく、ご家族で集まって一緒にお話をするということです。特に在宅医療を開始するときには、私たちは最初に人生会議を開くようにしています。

具体的には以下のような内容です。

患者さまご本人が病気についてどのように考えているのか。詳しい病状を説明して欲しいのか、あるいは何も教えて欲しくないのか。積極的に病気に立ち向かっていくのか、あるいは苦痛や痛みを緩和することを中心にして欲しいのか。もしもの時には心臓マッサージや人工呼吸をして一日でも長く生きていることを重要視するのか、あるいは自然な形で見送って欲しいのか。ずっとお家で過ごしたいのか、あるいはご家族に迷惑をかけたくないから入院したいのか。

いろいろな想いをご本人を交えて、ご家族で話し合うのが人生会議です。

医療者、介護者など第三者を交えて行なうことも大事です。在宅医療では急な変化に対応する場面も多く、早めに人生会議を行なっておくことがとても重要です。

同時にお話の内容を記録し、ご本人の想いやご家族の気持ちを記録し、そこにみんなの署名を残しておくことも大切です。

私たちは患者さまのお気持ちを尊重しながら、人生会議をそっと開きます。

「そうだ。先生から病気のこと、どんな風に聞いていますか？」

そんな感じで始めます。

「ただいまから人生会議を開きます」

なんて言いません。

「最期はどこで過ごしたいですか？」

なんて乱暴な質問は無意味です。人の気持ちなんて揺れ動くものですから。

「延命しなくていい」

とおっしゃっていたのに、いざ心肺停止の患者さまを前にすると取り乱され、心臓マッサージを始めてしまうご家族に遭遇することもあります。だから答えを出す必要はありません。

何度も何度も繰り返し話し合い、確認し、心の準備をすることが大事なのです。患者さま、ご家族さまに署名をしていただいても、その書面に何の拘束力もないことも十分にお伝えすることも大事です。

人生会議。軽い気持ちでスタートしてみてくださいね。丁寧に心を込めて。

教えてメディちゃん

若い方でも在宅医療は受けられますか？

ご相談どうもありがとうございます。

もちろん若い患者さまのご訪問も行なっています。10代、20代でも、がんという病気は襲ってきます。様々な治療を受けながらもご自宅で点滴が必要だったり、痛みの緩和が必要なこともあります。

介護が必要な患者さまも、40歳未満では介護保険を使用できませんが、地域によっては20代、30代でも自治体からの助成金が支給される場合がございます。若い患者さまの中には子育てをしながらもご病気と向き合われている方もたくさんいらっしゃいます。

先日こんなことがありました。

40代のお母さん。がんが身体をむしばみ、黄疸が出現し、胆管チューブを挿入されたまま当院へご紹介となりました。

「まずはご自宅で栄養の点滴を受けながら通院して、抗がん剤を継続していきましょう」とお伝えしました。

初めは通院されていましたが、徐々に黄疸が進行し腸閉塞も併発しました。自宅で高カロリーの点滴を継続しながら、腸閉塞の治療や医療用麻薬による痛み止め、吐き気止めの点滴を継続しながら、症状の緩和を私たちは行なってきました。しかし病気の勢いは止まらず、ご自宅でお見送りをさせていただきました。

小学生の女の子がママのそばで泣いていました。

「ママ、頑張ったね。ママ、ありがとう。お家にずっといてくれてよかった。お家でよかった。お家でよかったよ」

何度も何度もママに感謝の気持ちを伝えながら涙を流されていました。

女の子のこれからの人生の中で、この夏の日のできごとはどんな風景を残してくれるのでしょうか。きっと優しいお母さんがずっとずっとそばにいてくれたことを、毎年夏になると思い出すことでしょう。

入院で受ける緩和ケアも素晴らしいです。一方で、ご自宅で十分に症状を緩和でき

れば、若い患者さまのお子さま、ご家族さまにもステキな瞬間を日々プレゼントすることが可能です。

若いからこそ在宅医療がお役に立てることがたくさんあります。お若い患者さまのご相談も責任を持ってお引き受けいたしますからね。お任せくださいませ。

教えてメディちゃん

まだまだ治療の必要ながんの患者さまですが、主治医の先生が「今日退院」「明日退院」と突然決定しました。どうしたら良いですか？

がんの治療に終わりはありません。

特に体調が思わしくなかったり、痛みが十分に緩和されていない患者さまを退院に導く時には、それ相応のご自宅での体調管理が必要になります。まだまだ点滴が必要な方もいれば、医療用麻薬の点滴を使用しながらの退院の患者さまもいらっしゃいます。

それでも患者さまが退院をご希望される場合には、病院での治療をしっかりとご自宅で引き継がなければなりません。

今、病院は常に満床。そんな現状では次から次へと患者さまが退院しなければ、新

たに病気が発見された患者さまを病院の先生方は救うことができません。病院には病院の使命、在宅医療には在宅医療の使命があります。

ご自宅で様々なことに対応できれば、患者さまは安心して退院することができます。

私たちは、病院で行なっている医療をご自宅でそのまま再現することが可能です。

24時間の点滴管理や、医療用麻薬の注射薬の管理、胸やお腹にドレーンチューブが入っている患者さまの対応、胸水や腹水のご自宅での穿刺吸引、貧血で輸血を行なっている患者さまのご自宅での輸血など、救急病院で行なっている治療は、ほぼすべてご自宅で対応が可能です。

もちろん、CT検査を行なうことはできませんが、あらかじめ連携病院にCTの予約をとって撮影に行っていただくことが可能です。レントゲン検査もご自宅へ出張撮影の依頼もできますし、採血や超音波検査、心電図検査はご自宅でも可能です。

このように様々な治療や検査をご自宅で継続できますので、急遽退院が必要となった患者さまがいらっしゃる場合にはご相談くださいませ。入院中の患者さまに迅速に当院スタッフがご挨拶に伺い、全身状態の確認、必要な点滴の手配、介護ベッドやヘルパーさんの手配などを迅速に行ないます。

主治医の先生の突然の退院の決定。困った時には、まずはご相談くださいね。きっとあなたも、ほっとされることでしょう。

私たちにすべてお任せくださいませ。

教えてメディちゃん

訪問診療を開始したあとで緊急事態の時には、どうすれば良いですか？

訪問診療を開始する時に、ご本人さま、ご家族さまが一番不安になることが、「緊急の時にどうしたらよいのか？」ということです。

私たちが訪問診療を開始する際には、必ず24時間連絡をとれる「秘密の電話番号」を患者さま、ご家族さまにお伝えいたします。医師や看護師が常に緊急事態に備え、待機の電話を24時間肌身離さず持っています。

運転中も気を張っていて電話があれば車を路肩に止めてしっかりとお電話に対応させていただきます。スタッフが自宅にいる時でも、お酒を飲まずに24時間気を張って待機しています。

患者さまが24時間頑張っていらっしゃるのですから、私たちも責任をもって患者さま、ご家族さまからのお電話に対応いたします。

ですから、「不安な時、緊急事態の時には、ご遠慮なくお電話ください」とみなさまにはお伝えしております。

緊急の際にも医師や看護師がご自宅にご訪問し、その場で症状を解決できることがほとんどです。私たちは自分たちの目や耳から患者さまの状態を把握し、触診および心電図や超音波検査などを用いて、何が原因で今の苦痛が存在するのかを分析し、あらゆる手段で症状の緩和を行なっていきます。

もちろん、病院に行かないと解決できない問題もございます。たとえば、緊急で胃カメラが必要な吐血・下血や、脊椎の腫瘍により足が動かなくなるなどの症状で緊急放射線治療が必要な場合など、緩和ケアの世界でも直ちに病院を受診しなければいけない状況もございます。

その判断はすべて、当院のスタッフが行ないます。そのうえで、病院受診が必要と判断すれば、私たちがその場で救急車を要請し、救急隊員に病状をご説明いたします。

また、同時に私たちが受け入れ先の病院を見つけ、紹介状もその場で作成し、責任をもって担当病院へ迅速にＦＡＸいたします。どんな時も困った時には私たちにご相談いただいて大丈夫です。

患者さま、ご家族さまが笑顔になれますように、私たちはいつもそばにいます。

教えてメディちゃん

患者さまは延命治療を希望されていません。ご自宅でどのような対応が可能でしょうか？在宅緩和ケアはお願いできますか？

対応可能です。たくさんいただくご相談です。

延命治療を希望されない患者さま。その方の心の中には延命治療に対してどのような映像が映し出されているのでしょうか。

まずはそのイメージを、お気持ちをお聞かせいただくことから私たち在宅緩和ケアの役割はスタートします。

お父さまが抗がん剤の副作用で悩まされていたのかもしれない。お母さまが点滴につながれてむくみがいっぱいの状態で痰がらみも出てきて、とっても苦しみながら最期の瞬間をお迎えになったのかもしれない。

かもしれない、かもしれない、カモカモと言いながら私たちは患者さまの心の中を想像いたします。

延命治療と一概にいっても、点滴を拒否、胃ろうを拒否、栄養のカテーテル挿入を拒否、抗がん剤を拒否、心臓マッサージ、人工呼吸を拒否、モルヒネを拒否など様々です。何を最も大切にされているかを上手に抽出して、対応策を考えていくことを私たちは得意としています。

緩和ケアは患者さまの心のキズを癒しながら、前向きに今できることを見つけていく医療です。食事がとれなくて脱水で苦しまれている時に、適切な量の点滴を行なうことは延命治療ではありません。

苦しい時間を延ばすのが延命治療。楽しい笑顔の時間を増やすのが緩和ケア。そういうことです。

緩和ケアは決して無理な延命治療ではないことを患者さまにお伝えくださいませ。

ひとつひとつ患者さまのご希望を叶えていくために私たちは今日も患者さまのもとに向かいます。

どうぞ安心して私たちにお任せくださいませ。

教えてメディちゃん

末期がんの一人暮らしの患者さまがいらっしゃいます。やはり、ご自宅への退院は無理ですよね？

大丈夫です。無理なことはありません。

一人暮らしのがんの患者さまも私たちはご自宅で担当させていただいております。大切なのは一日も早い介護保険の申請と、介護認定のための主治医意見書の医師による迅速な提出です。介護保険の認定が適正になされれば、ヘルパーさんの導入や介護ベッドの搬入が可能となります。

在宅クリニックの医師や訪問看護師が毎日患者さまのもとに通うことも可能です。また、介護度の高い患者さまの場合には、24時間体制で頻回に訪問してくださるヘルパー事業所さまが味方についてくださいます。いわゆる定期巡回・随時対応型訪問介護看護と呼ばれるサービスです。

時には一日5回の訪問に加え、患者さまがボタンを押すと電話がつながり、ご依頼があれば臨時での訪問介護の追加なども対応してくださいます。

クリニックからの訪問も、必要に応じて一日2回、3回、さらに緊急で追加訪問させていただくことも多々ございます。

実際に私たちが担当している末期がんの一人暮らしの患者さままでも、24時間の点滴治療やモルヒネの持続注射を行なっています。

訪問入浴サービスで快適な時間を過ごしていただいたり、美味しいお食事をご提供したり、排泄のお手伝いをさせていただいたり、病院で行なっていただいていることは、一人暮らしの患者さまのご自宅でも対応可能です。

介護や医療を必要とされている患者さまには、必要なだけ訪問を行ない必要な医療や介護サービスをご提供していくことが大切です。

一人暮らしの患者さまは心細いです。だからこそ、たくさんの仲間たちで支えていかなければなりません。一人暮らしでも在宅緩和ケアは可能です。

教えてメディちゃん

民間療法を続けてきたがんの患者さまが苦しんでいます。行き場所がありません。どうしたら良いですか？

がんと宣告されて、途方に暮れてしまう患者さまはたくさんいらっしゃいます。「手術がこわい」「先生がこわい」「抗がん剤がきらい」など、様々な理由で患者さまの足は病院から遠のいてしまいます。そんなときに真っ先に患者さま、ご家族さまの目に飛び込んでくるのが、民間療法の広告です。

たとえば、「つらくない、痛くない、がんばらなくてよいがん治療」といった、とっても魅力的な言葉があふれています。民間療法を受けたくなってしまう患者さまのお気持ちは、とってもよくわかります。病院や治療をこわいと思わせてしまう、医療従事者としての責任も私は感じます。

ですから、もし民間療法を信じた結果、がんが進行して痛みが出てきたり、食べら

れなくなってきた患者さまがいると聞くと、私たちはご自宅へ飛んで行きます。

まずは、これまでにどんな診断を受けているのか、どんな民間療法をされてきたのか、病院や先生に対する想いについて、しっかりと時間をかけてお聞きいたします。その上で、今、私たちにできる症状の緩和の方法をご提案いたします。

患者さまが納得されれば、まずは水分補給、栄養補給のための点滴を開始いたします。痛みが強ければ、わずかな量のお薬で症状の緩和を始めます。ひとつひとつ納得していただきながら、今の病状を把握するための検査を進めていきます。途中で患者さまが「もう何もしなくていいです」とならないように、お顔を見ていつもお話をしっかりとしてまいります。

どのような状況でも私たちは患者さまを笑顔にすることをあきらめません。民間療法を続けてきて、少しつらくなってきた患者さまがいらっしゃいましたら、ご相談くださいませ。きっと何か良い方法が見つかります。いいえ、私たちが良い方法を見つけていきますからね。

教えてメディちゃん

がんの痛みはどのように消すのですか？

患者さまが抱える「がんの痛み」は様々な種類がございます。大きく分けると、身体の痛みと心の痛み、さらには経済的な痛みなどです。

身体の痛みを解決するのは、通常の頭痛薬のような痛み止めや、医療用麻薬に分類される痛み止めなどがあります。

麻薬といっても、ニュースで流れてくるような違法なものではありません。医療用に適正に調合されたお薬ですので、幻覚を見たり麻薬中毒になったり、廃人になるようなことはございません。たとえば、病院内でも手術後の患者さまには痛み止めとして麻薬を使用することは日常的なことです。

さらに、がんが進行して痛みを伴って苦しんで自宅に引きこもっていた患者さまが、医療用麻薬の内服を開始してから、笑顔になり、家族旅行にお出かけになることも多くあります。世の中で、まことしやかに流れている麻薬に対する「誤解」が、患者さまを不幸にしているのです。

ご自宅でも、がんの痛みで悩んでいる患者さまはたくさんいらっしゃいます。医療用麻薬にも、飲み薬や貼り薬、坐薬や点滴など、あらゆる手段がございます。痛みが強い時には、臨時で何回でも使用できる緊急対処用麻薬がございますので、我慢に我慢を重ねる時代は終わっているのです。

先の見えない不安な気持ちも心の痛みになります。不安がいっぱいの患者さまには、24時間体制でのサポートが必要です。いつでも電話できて、必要な時には自宅に治療に来てくれる。そんな在宅医療の存在を、そっと患者さま、ご利用者さまにお伝えくださいね。

世の中のたくさんの情報を、正しく選んでお伝えいただくのも、医療者や介護者の大切な役割です。

国のシステムをご存じない患者さま、ご利用者さまもたくさんいらっしゃいます。国が医療費を負担してくれる高額療養費制度についても、伝えてさし上げることで、経済的な痛みも解決できます。

ご不明な点は在宅クリニックのスタッフからもご説明できますので、いつでもご相談ください ませ。

おわりに

言葉は時に、鋭い刃《やいば》にもなり、凍えた心を暖かく包み込む毛布にもなります。
この本に巡り会えた皆さまが、暖かい気持ちになれたら嬉しいです。
病気はある日突然、私たちを襲ってきます。
そんな時でも、病気に負けない秘訣は、強い言葉を心に持つことです。
人生の中では大きな壁が立ちはだかることもあります。
その壁を乗り越えるためには、心の中に絶対的な自信を持つことです。
ほんとは誰も、自信なんてありません。
でもそんな時に思い出して欲しいことがあります。

限界を決めているのはあなた自身。
本当は私たちに限界はありません。
病気に身体が負けそうになっても、心だけは病気に負けてはいけません。
大きな壁にぶつかっても、心の強さで必ず乗り越えていけます。
私はこれからもあなたを応援しています。
医師として、人としてできることをこれからも実現させていきます。
ここまで読み進めてくださったあなたに感謝します。
どうもありがとう。これからも応援しています！

著者プロフィール

高橋 保正
(たかはし やすまさ)

東京都出身
私立開成高等学校卒
筑波大学医学専門学群卒
2014年メディ在宅クリニック設立
これまでにがん患者1000人以上を看取り、年間180人を自宅で看取る。
往診件数は延べ20000件以上。
末期がんと診断された患者を命の炎の消えるその瞬間まで穏やかに過ごせるサポートを24時間体制で行なっている。
医療法人社団　咲八会　理事長
メディ在宅クリニック　院長

公式ホームページ
https://meddy-clinic.jp/

メッキじゃない
人生をキラキラ輝かせる
魔法の言葉

発行日　2020年12月15日
著　者　高橋 保正
発行者　橋詰 守
発行所　株式会社 ロギカ書房
〒101-0052
東京都千代田区神田小川町2丁目8番地
進盛ビル303号
Tel 03(5244)5143
Fax 03(5244)5144
http://www.logicashobo.co.jp
印刷・製本　モリモト印刷株式会社
定価はカバーに表示してあります。
乱丁・落丁のものはお取り替え致します。

978-4-909090-49-2 C0095